未 A 读 | 艺术家
  DR

〔日〕水野学 中川政七 铃木启太 米津雄介 —— 著

冯利敏 —— 译

如何创造唯一经典

デザインの誤解

いま求められている「定番」
をつくる仕組み

北京联合出版公司
Beijing United Publishing Co.,Ltd.

前言

如今大街上商铺林立，商品琳琅满目。即便人在家中，只要有互联网，所需物品很快就能送到眼前。

不过请仔细回想一下，自己有多久没有遇到过非此不可的"满分商品"了？最近买的是否净是一些时下流行款，或者单纯因为便宜就付款了？这些物品似乎正在悄悄吞噬着我们的生活。

在物资匮乏的年代，整个社会需要不断生产生活必需品。而随着生产水平的不断提高，人们不再满足于维持基本生活。应市场需求，功能更加先进的高科技产品开始畅销。但这种现象也仅从经济高速增长期①持续到了20世纪80年代。之后，技术水平的发展迎来瓶颈，具有突破性意义的产品再难面世，凭技术取胜的时代成为过去式。

既然技术难以提升，各个厂商只能靠不断改善细节来实现产品

---

① "二战"后日本经济高速发展时期，约为1955—1973年。——译者注（若无说明，本书脚注均为译者注）

每年的更新。设计花哨的外观、添加与产品原本用途毫不相关的功能，"差异化之战"愈演愈烈。而人们对于设计的误解，仿佛为这场没有硝烟的战争送去了更多弹药。

这种"差异化"并不一定能催生好的产品，反而会使人丧失判断能力，无法看清自己最真实的需求。在我看来，这就如同缘木求鱼。

我作为团队的策划总监，从品牌创立、商品策划到产品设计、顾问，每个环节都会参与。因为从事设计相关的工作，我有时会接到一些关于如何选购商品的咨询。比如："我想置办些家具，餐椅要买什么样的才合适？家具城里各种椅子应有尽有，出自大牌设计师之手的也看过很多，可最大的难题是不知道该以什么标准来买。"

虽然有这么多商品，不对，应该说正因为有这么多商品，我们反而越来越看不清自己真正的需求。这就是我们当代人的购物现状。

我也有过类似的经历。有一次我打算买一支钢笔，但苦于不知如何选择，便询问了店员，得到的回答是："这还是要看您的个人喜好。"的确，个人喜好固然重要，而当时我需要的是一个标准，一件"说到钢笔，就是它了"的经典商品。

所谓有影响力的热销商品，可以是风靡一时的时髦产品，也可以是能影响未来商品的创新产品，还可以是融入人们日常生活的经典产品。不能说孰好孰坏，但对于面对不断涌现的新商品，陷入不停购买和丢弃的怪圈而感到疲惫的当代人来说，"真正想要的东西"也许就是无论怎么用都不会厌倦的经典款商品。

不过这样的商品在现实世界几乎已经不存在了吧？既然如此，不如我们自己来做。于是"THE"品牌诞生了。

"THE GLASS"是"THE"品牌的首件商品，我们旨在把它打造成在家喝饮料时所用玻璃杯中的经典款。随后，一系列原创商品的策划与开发工作开始了，店铺运营也逐渐启动。

我是"好设计公司"（good design company）的代表人，也是THE 的创意总监，负责 THE 的整体规划。中川政七商店的中川政七是项目经理，"产品设计中心"（PRODUCT DESIGN CENTER）的铃木启太负责产品设计，社长米津雄介负责产品管理。THE 就由我们四名主要成员共同运营。

说到设计师品牌，可能大多数人都会觉得，不就是做几个看起来很"时尚"的物件，再把它们陈列到"时尚"的店铺中吗？但我们追求的并不是以这种形式呈现的设计。我们想做的是让人发自内心想的产品，是经久不衰、长期受人喜爱的经典产品。通过一件件商品，我们的理念会传达给每一位光临店铺的顾客，最终实现社会中经典商品的标准的提升。

所以，我们的商品开发工作总是起始于一个问题：何为"THE"（经典）？继而四个人各自发挥专长，从各个角度展开深度讨论。"为什么没人设计这样的商品？""这个领域中的经典款应该具备哪些要素？"诸如此类。就这样，一件件"THE"商品在不断思考和论辩中诞生了。

本书将以"THE"品牌为案例，为大家介绍怎样才能做出经典商品：长期受顾客喜爱并长销的秘密是什么？做出让人发自内心想购买的商品需要哪些创意？如何让设计发挥真正的价值？衷心希望，我们四人的奋斗史能为大家解读"未来社会的造物"贡献绵薄之力。

2016 年 1 月

水野学

目录

第一章　追求经典的时代　水野学　　　　　　　　　1

失去真正想要的东西　　　　　　　　　　　　　　2

甜甜圈的洞——功能性不佳却依然畅销的秘密　　　5

价值观与消费倾向的变革　　　　　　　　　　　　8

设计 ≠ 装饰　　　　　　　　　　　　　　　　　　13

"造物信仰"的弊端　　　　　　　　　　　　　　　16

能成为择物标杆的商品　　　　　　　　　　　　　19

"THE"诞生的契机　　　　　　　　　　　　　　　23

品牌建立与公司化　　　　　　　　　　　　　　　26

销售经典商品的困难之处　　　　　　　　　　　　28

没有商品的店铺　　　　　　　　　　　　　　　　31

孕育高品质经典商品的文化　　　　　　　　　　　35

第二章　改变世界的经典商品　水野学　　　　　39

　　饮料是否好喝，取决于饮料瓶的形状吗——可口可乐玻璃瓶

　　　　　　　　　　　　　　　　　　　　　41

　　接近完美的杯子——多莱斯玻璃杯　　　　45

　　超级实用型设计——便利贴和可弯曲吸管　48

　　不同的国家，不同的颜色　　　　　　　　51

　　经典从自然淘汰中诞生——丰田汽车　　　54

　　名气随普及度提升逐渐弱化的设计——伊姆斯椅　58

　　广义经典与狭义经典——匡威 All Star 与锐步 Pump Fury

　　　　　　　　　　　　　　　　　　　　　62

第三章　成为经典的条件　水野学　　　　　65

　　成为经典的五要素　　　　　　　　　　　66

　　如何考量产品的历史和价格　　　　　　　68

　　把握过去、深思当下、开创未来　　　　　72

　　创造经典需要庞大的知识量　　　　　　　74

　　从社会共识中引导出"本质"　　　　　　76

　　创意源自丰富的知识储备　　　　　　　　79

　　经典与潮流的界限　　　　　　　　　　　82

　　长期流行产品应具备的三要素　　　　　　84

多角度观察的重要性　　　　　　　　　　89

第四章　如何创造出经典的"造型"　铃木启太　　91

　　创造经典设计需要怎样的思考过程　　　92

　　能否超越龟甲万——THE 酱油瓶　　　　96

　　取代包豪斯成为新的杰作——THE STACKING STOOL

　　　　　　　　　　　　　　　　　　　103

　　牙刷为什么不能站立——THE TOOTHBRUSH　109

　　过去的发现"身度尺"（身体尺）——THE 饭茶碗　113

　　"不设计"的设计——THE 木碗／大木碗　　117

第五章　创造经典的产品管理　米津雄介　　121

　　① 信息收集

　　一切源于一个疑问："说到底它是什么"——THE 洗衣液

　　　　　　　　　　　　　　　　　　　123

　　通过解读历史发现的东西——THE 饭茶碗　128

　　通过信息提高创造性决策的质量　　　　130

　　② 生产技术——把想法落实

　　看似简单，实则很难——THE PLATE　　133

　　一次又一次的试错——THE LUNCHBOX　　136

制造商的挑战——THE TOOTHBRUSH   139

③ 生产成本

重新设计——THE COASTER   141

把成本上升转化为产品品质——THE 酱油瓶   145

④ 与厂商合作

通过共享生产技术和营销信息创造新的经典——

    THE COLOCOLO BY NITOMS   149

    乍一看不像 THE 品牌的商品   152

第六章　创造经典的设计管理　中川政七   155

只靠理性经营已经行不通了   156

设计不是品位而是素养   158

如何提升设计素养   161

注意自己的偏好   164

成年人也可以习得设计素养   167

什么是设计管理   169

创造畅销产品的开发模式   171

明确设计目的   173

经营是创意性工作   176

摒除思维定式   179

设计师也需要衡量打击率   183

后记   187

第一章
追求经典的时代

水野学

失去真正想要的东西

正如我在前言中提到的那样，现代日本人似乎越来越难买到自己真正想要的东西了。

在 20 世纪 80 年代以前，制造业以技术取胜，但由于技术一旦达到一定的水平就很难再突破，20 世纪 90 年代之后，所谓的"差异化"生产在产品制造中越来越受重视。

以洗衣机为例，全自动洗衣机推出后，大家毫不犹豫地抛弃了之前必须手动切换洗涤和脱水的双筒洗衣机。最近几年，有些厂家为洗衣机添加了自动烘干功能，但这项功能并不是所有家庭的共同需求，所以现在两种洗衣机同时在市场上流通。总之，随着生产技术的成熟，这种显而易见的功能进化会越来越难发生。

然而，产品的推陈出新依旧以每年一次（在部分行业中甚至不止一次）的频率进行着。

那么会发生什么呢？

企业为了推出新产品，开始在技术以外的地方努力，谋求与现有产品形成特点上的区分。换句话说，就是与产品的基本功能毫不相干的表面功夫。这就是所谓的"差异化"战略。

增加颜色种类、可以自由设定提示灯的颜色、增加提示音的种类、大肆宣扬从按钮改为触摸屏的好处……

在仓促的研发循环中，如果在技术功能方面没有大的提升，就增加与产品本质用途无关的附加功能，这仿佛成了理所应当的选择。因为要同时与别家产品和自家既有产品形成差异是相当困难的。

进入 21 世纪之后，颠覆性的技术改革变得更加困难，于是差异化战略也愈演愈烈。特别是家电行业，各个厂家的产品已经很难在功能方面形成差距，导致现在市面上充斥着功能五花八门的家电产品。

2010 年以后，现在的我们已经不知道自己真正需要的东西为何物了。

还是洗衣机的例子。如今我去商店买洗衣机的时候，真的不知道究竟选哪一款才好。现在的洗衣机，想必无论哪一款都能满足我把衣服洗净然后甩干的需求。但除此之外，不同厂家的产品都带有各自推崇的新功能，这些功能虽说不尽相同，但好像又很相似，很难区分……说到底还是缺少一个类似"洗衣机买这款一定不会出错"

这样的判断标准。最终，左右人们购买的净是一些含糊其词的理由："这个功能全""这个价格便宜""刚好店员推荐了这一款""评论里这一款排名比较靠前"等等。

试问，这真的是我需要的洗衣机吗？

大胆预测一下，这台洗衣机上的大部分功能，可能直到下次换洗衣机之前我都用不到。

甜甜圈的洞
——功能性不佳却依然畅销的秘密

2007 年，iPhone 的问世震惊了全世界。

能浏览电脑网页，还可以发邮件的手机，无疑将掀起一场全新的技术革命。加上简约又优美的外形，iPhone 的发售几乎让全世界为之疯狂。

之后，各大厂商、各色各样的智能手机迅速进入市场，智能手机行业不断发展壮大。直到今天，安卓系统智能手机超越 iPhone 成为全世界用户最多的手机。而在日本，iPhone 用户和安卓用户数量相差无几。

关于 iPhone 畅销的理由，我们已经听过无数见解，在此就不再赘述。不过，综观日本的手机市场，我发现了一个十分有趣的现象。

日本的安卓手机，大多拥有十分出色的功能，如手机钱包、观看高清数字信号电视、防水……

这些都是 iPhone 不具备的功能，仅从这一点来看，iPhone 似乎毫无优势。不仅比不过其他公司的智能手机，甚至可以说比过去的功能型手机 [①] 还差。

即便如此，二者的市场占有率依然不相上下。尽管缺乏一些功能，依然有一半人选择购买 iPhone。

每个选择 iPhone 的人都有自己的理由。"喜欢 IOS 系统的使用感和界面""喜欢苹果手机简约却精致的外形""喜欢苹果公司的企业文化和这个品牌"……

不管出于什么原因，iPhone 依然是很多人觉得"即便功能不如其他品牌，也发自内心想拥有"的手机。社交媒体上时常有人发布自己的 iPhone 进水损坏了的消息，但他们马上又会购买新的 iPhone。

实际上，我自己也是如此。我是手机钱包的资深用户，无法想象没有它生活会怎样，可是我第一次从功能型手机换成智能手机的时候，还是毫不犹豫地选择了 iPhone。

"剔除不必要的功能，将留下来的每一处细节做到极致"，这就是苹果公司的产品理念。这句话背后隐藏的是乔布斯的智慧、员工埋头苦干的精神和多年积累的不可撼动的品牌力量，iPhone 的成功

---

① 一种日本独有的非智能型多功能手机，也叫"加拉帕戈斯手机"。除具有传统手机的基础功能之外，它还有手机钱包、收看电视节目等功能，一般为翻盖式。

无法一言以蔽之。

即使功能性欠缺，却并不影响人们对它的喜爱，从 iPhone 的案例中，我获得了关于未来产品创造的巨大灵感。

在功能方面，各家公司几乎不相上下，于是大家就开始在产品最本质的功能之外的地方下功夫、寻找独特性，也就是寻求"差异化"。我想这就是市场中消费者真正想要的"核心商品"正逐渐消失的最大原因吧。

我把这种现象称作"市场的甜甜圈化"。

正中间本应是甜甜圈最好吃的部分，可惜如今人们只忙于装饰边缘位置，中间成了一个空洞……这个空洞该由什么样的东西来填补？怎样才能让消费者品尝到这个最美味的"洞"？

几番冥思苦想后，我们终于决定通过"THE"这个品牌，来实现"创造经典"的想法。

价值观与消费倾向的变革

大家是否听过"极简风"（normcore）这个词？这是近年来流行于纽约时尚界的一种理念，是 2013 年由纽约的时尚潮流预测机构 K-HOLE 首创的合成词语。"normcore"取自英文"normal"和"hard core"，在日本常被翻译成"极致的平凡"。

一条朴素的牛仔裤，搭配简单的毛衣和球鞋，极致平凡，仿佛在与奢华的时髦作抗争。越来越多的人加入了这场返璞归真的活动，日本人也不例外。

20 世纪 80 年代至 90 年代，日本受泡沫经济影响，流行表现也颇为夸张，波浪头、紧身衣、浮夸的垫肩外套盛行一时。年轻一代想必对泡泡袜、松糕鞋、辣妹妆①也不陌生。

然而，回首过去的十年，我们已经很少看到那种奇异的装束了，更多的人开始享受"不刻意的时尚"。

---

① 20 世纪 90 年代流行于日本的一种十分夸张的妆容。当时的年轻人以黑为美，还会搭配花哨的发型发色。

当文明发展到一定阶段，文化之花就会绽放，而当这朵花熟透之后，一切又会回归起点。也许我们现在经历的就是这个"回归"的过程。

这场回归运动之所以能够发生，我认为和这几项历史大事件有着千丝万缕的关系。

在美国，它与2008年爆发的金融危机有关。当时在纽约等大城市，人们开始对"有机"的概念感兴趣，而金融危机之后，城市居民的消费倾向发生了翻天覆地的变化。

关于当时美国发生的价值观变革，住在纽约的记者佐久间裕美子所著的《潮流生活革命》（朝日新闻出版社）一书中有十分详细的记录和分析。重视与生产者关系的第三波咖啡浪潮的兴起、以 Ace Hotel 为首的特色文化酒店、聚集着对食材和烹饪方法相当讲究的生产者的菜市场、火遍纽约的屋顶菜园……

纽约有一家叫"Marlow&Sons"的人气餐厅，其使用的食材全部来自近郊的农户，菜品追求最大限度地保留应季食材的自然美味。餐厅会一次购买一整头牛，用掉可食用的部分，还会将剩下的牛皮做成鞋子和包，努力实现零浪费。当然，Marlow&Sons 的牛皮手提包并不便宜，大家会购买，主要是想用切身的行动对店家这种"零浪费，对食物负责"的做法表达支持。

我也曾跟随佐久间女士游历纽约，亲身感受了整个城市气氛的巨大变化。

2001 年，美国发生了多起恐怖袭击事件，当时在纽约真正经历过这一切的朋友说，从那之后他便开始思考活着的意义，想更加珍惜每一天，好好地活着，身边只保留自己喜欢的东西。在这种趋势下，金融危机的爆发无疑加速了人们价值观的转变。

再看日本，20 世纪 90 年代初泡沫经济破裂，之后便是长达 20 年的经济停滞期，人们称之为"消失的 20 年"。

如前所述，当技术进步达到极限，很多厂商逐渐卷入差异化之战，却难以恢复曾经的销量。在时代最混乱的时候，2011 年 3 月 11 日，东日本大地震发生了。

前所未有的剧烈晃动和从未见过的景象打破了人们的平静生活。那天，束手无策的我强忍着所有情绪，紧紧盯着电视机中滚滚而来的漆黑的海啸，只能默默祈祷亲友的平安。接着，整个日本陷入一片混乱。回忆起当时灾区的人们以及他们失去家人的悲痛，如今我的悲伤之情依然难以言表。

也许从那个时候起，日本人的价值观便发生了一场无声的变革，反映在实际生活中就是大地震之后人们消费倾向的变化。

我作为创意总监，参与过多个品牌的品牌打造工作，据我观察，3·11 大地震之后，大部分企业的营业额都遭遇了严重下滑。然而我的客户中，也有一些企业几乎没有受到影响。是什么造成了这种差距？我认为，如果用一句话来概括，就是"你的产品是不是真东西"。

也许某一天，一股无法抗拒的力量可能会突然夺走你的生命，那么当下的我们该如何生活？我想，人们在重新思考生活的意义时，之前那种不停购买、不停丢弃、大量生产、大量消费的循环也开始消退了。

人生不知止于何时何地，那就只有将心爱的东西留在身边。即便有点贵，也一定要买自己真正喜欢的东西，然后长久使用。消耗品倒是可以选择便宜一点的……人们购物时变得越来越理性，对于金钱的投入有了更清晰的主次之分。只要认定是自己不需要的东西，无论多么便宜都不会买。相反，只要产品品质到位，即使价格高一点人们也会争先购买。这种消费倾向如今似乎已经成为主流。

那么所谓"消费者真正想要的商品"究竟为何物？使用方便、品质上乘、做工精致、不易损坏、久用不厌……于是这个关键词逐渐受到人们关注——经典。

以杂志为例，越来越多"经典品"介绍特辑开始出现，比如"经典服装目录""经典杂货百选"等。

有一次，一位家电制造业的朋友跟我说过这样一番话：

"虽然我们每年都会推出微调过的新产品，但这个市场已经饱和了，新款几乎卖不出去。其实我一直在考虑要不要停止这种无意义的更新换代。我对现在拥有的技术还是很有信心的，所以希望能在产品设计上做到精益求精，然后在接下来的几年里持续销售同样的产品。"

仔细想想，这也理所当然。如果某款电器产品每年都要推出新型号，势必会在开发、宣传、销售等方面产生很高的成本。所以一些厂商也开始考虑，是否可以制造一种"长期受人喜爱的商品"并一直售卖下去。毫无疑问，这样的产品就叫"经典商品"。

设计 ≠ 装饰

人们对经典商品的需求越来越强烈。不过，经典一般会被理解为"过去已长期存在并流传下来"的物品。不可否认，商品能否成为经典，大多需要经过时间的考验。但也有一些商品，上市没多久就变成经典了。

那么，研发能够长期受人喜爱的经典商品时，需要注意什么？

如果从我的设计专业的角度来看，首先要做的就是厘清设计的含义。

我认为设计可以分为功能性设计和装饰性设计两种。但如今大部分人理解"设计"一词时只取了其中一种，认为设计就是指装饰，认为那些造型奇特、华丽醒目、可有可无的装饰就是设计。

以服装为例，一件衣服穿上以后手和腿可以方便地活动，觉得热了可以随时脱下，这些都属于它最重要的"功能性设计"，而颜色、造型、花纹等则属于"装饰性设计"。

不过也有一些设计能兼顾功能和装饰两种用途，比如圣杰姆

（Saint James）和 ORCIVAL 的经典产品——巴斯克衫（海魂衫）。这种条纹最初的功能是让渔民或海军掉进海里后更容易被发现，现在却变成了一种时尚元素，进入了更多普通人的生活。

随着技术水平进步，必不可缺的功能性设计被逐渐完善。在这之后，厂商想要推出有差异性的新产品，就只能在夺目的颜色和图案、奇特的外形等装饰性设计方面下力气了。

当功能性设计得到满足，产品便会逐渐大宗商品化，最终演变为固定的日用品。下一个阶段就是寻求差异化，而增加装饰就是其中一项手段。日积月累，现在一说起"设计"，人们自然而然地就把它和"装饰"画等号。对很多人来说，设计就等于"漂亮的装饰"。

我绝不是在批判装饰性设计。一件商品的功能性设计无论多么优秀，如果颜色非常令人反感，消费者也不会接受。人们的感官十分敏锐，很容易就能察觉到类似表面做工是否精细这种细节。无可置疑，装饰性设计的作用至关重要。

另外，减法在某种意义上也是一种装饰性设计。有一种日式审美叫作"减法之美"，正如德国著名建筑师布鲁诺·陶特从现代主义建筑的角度对桂离宫表达的赞美："自古以来，日本人就喜欢简约的美。"

以无印良品为例，其商品设计就源于"简朴有时胜过奢华"的理念。从 1980 年创立之初，无印良品始终贯彻纯朴极简的设计风格，产品至简至优。到今天，无印良品已经成为深受世界各国消费者喜爱的品牌。

不过，反观当今那些被称作"设计师住宅"的租赁公寓，有的不禁会让人感到些许疑惑。纯白的地板搭配混凝土墙面，再加一个形状独特的窗户，美其名曰极简装修，其实只不过是试图用潮流的外衣来掩盖房子的缺点罢了，这种房子的居住体验应该也好不到哪里去。

同是极简，这两个案例的区别就在于最基本的功能性设计是否被满足。

我认为，满足功能性设计是所有设计工作的最基本的条件，这之后才能考虑装饰性设计。二者同时被满足，才可称为真正的设计。

如果仅关注装饰性设计，做出的东西必然会偏离根本，这样的产品也必然不会成为经典。关注功能性，制造能满足市场需求的产品，才是创造经典的关键。

"造物信仰"的弊端

不过希望大家注意，所谓功能并不单指那些能用数据呈现的性能。日本制造业的一大缺陷，就是人们常常关注那些可用数字评判的东西。"制造出好产品"中的"好"，通常会被理解为规格或技术上的好。

在日本的汽车广告中，经常能看到类似"省油节能，一升油可跑30公里""车厢宽敞，便于收纳"这样的宣传语。把技术和性能的精度用最直白的语言表达出来，可以很好地将产品优越的技术性能传达给大众，这点当然也相当重要，其不足之处就在于过度关注性能和技术，而忽略了产品其他魅力的展现。

不可否认，像"这辆车的驾驶座椅非常舒适"这种难以言喻的感觉确实无法被数据化，也难以为消费者提供客观的购买依据。

人类远比我们自己想象中复杂，即使说"舒适度有十个档位可调"，可人类的感觉岂止十个档位，实际上它多达几百个层级。如果一味追求数据和指标，就难以为产品留有余地和想象力。

以前我与生物学者福冈伸一先生交谈时，他曾说："稀疏和空白其实更加丰盈。"

举个例子，如果只是为了生活，根本不需要太大的房子；不用宽敞的头等舱和高标准供餐，乘坐经济舱也可以到达目的地。但宽广本身就是一种富足，什么都不做也可以让人更加充实。我认为悠闲是人类特有的才能，是对优雅、从容与美的追求。

如果只考虑油耗等性能和保养费用，日本车优于进口车，但很多富人依然选择进口车，或许也是因为日本车缺乏某种从容感。

日本企业凭借卓越的技术实力享誉世界，但由于日本人过分执着于技术、依赖技术，导致"只要做出好的东西就肯定畅销"的执念至今都没有消除，这就是所谓的"造物信仰"。

放眼世界，这种执念已经过时了。制造出好产品是生产者的本分，而在此基础上，除技术以外的产品存在价值、品牌价值等也一样值得企业探求，这样才会出现更多苹果公司创造的那种产品。然而很多日本企业至今保留着传统的匠人文化，认为只要诚心诚意做产品，即便什么都不说，也能把自己的诚意传达给消费者。我认为这种想法很让企业吃亏。

大家可以注意一下，全球一流互联网企业中，鲜有日本公司。谷歌、脸书、推特等互联网巨头几乎都在美国。究其原因，我认为除了语言不占优势以外，日本的互联网产品在设计方面也亟待突破。

与其说是技术水平滞后，不如说产品的结构或页面设计等不容易被使用、不太贴近生活。包括装饰性设计领域在内，日本企业还有很长的路要走。

在功能和技术方面，日本并不落后于世界，但除此之外，越来越多的领域都在被其他国家赶超。日本是时候重新定义"好产品"了。

能成为择物标杆的商品

不知道大家是否见过这样一张照片：年轻的史蒂夫·乔布斯一个人坐在空荡荡的房间里。乔布斯对自家的家具也十分讲究，据说他曾因为选购洗衣机和家人讨论了半个月之久。

虽然不及乔布斯那般执着，不过从很早以前开始，我买东西的时候也会斟酌一番。

比如杯子。世界上明明有各式各样的杯子，却没有一个是我想要的。好不容易碰到一个想买的，想到万一碎了怎么办，索性一次买了十件同款，虽然我是一个人住。我也一直找不到合心意的钥匙扣，最后干脆用一个铁环代替了。

可能大家会觉得我不过是个乖僻之人罢了，但我确实经常对世界上的各种东西感到疑惑。

"为什么要把这个家电的这里设计成弧形？应该是为了让消费者更容易操作，可就算是平面的，好像也没什么问题吧？"

"这个杯子的把手怎么这么小？要是再大一点就好拿了。"

"这款洗衣液，为了能在货架上更加醒目，包装上的广告语写得特别大，这确实能起到一定的宣传作用，但我并不想让'晾在房间不会臭'这样的字眼出现在家里。所以我的首选是那些让人愿意摆放在家里的产品。"

"为什么婴儿浴盆大多印有动物图案？就算没有也不影响使用吧。还有婴儿的衣服，除了小熊、小狗就没有其他时髦一点的图案了？应该有很多父母也想让孩子的穿着更有品位一些吧。"

其实这些疑问并不是迫于追求经典而被动产生的新思考，它们已经困扰我很久了。

面对这种情况，我决定提出一些新想法。于是，我和中川政七商店的中川政七先生、产品设计中心的铃木启太先生，共同成立了"THE"项目。

当我们说到牛仔裤中的经典，首先会想到李维斯501，那衬衫中的经典呢？笔中的经典呢？杯子中的经典呢？笔记本中的经典呢？为了解决这些疑问，我们致力于开发和甄选出所有领域中可以被称为"THE××"的产品，这就是"THE"的品牌宗旨。2012年3月，THE股份有限公司正式成立，并于次年3月在东京站前一家叫"KITTE"的商场内开设了首家直营店THE SHOP。

如今我们想买东西的时候，常常因为有太多类似选项而无法作出选择。选项虽多，却很难在其中找到一个标杆产品。

在 THE SHOP 中，每个分类只陈列一种商品。厨房纸就买这个，梳子就买那个。虽然只有一种（尺寸和颜色可挑选），但每一件我们都可以非常自信地把它推荐给消费者。这就是 THE SHOP 的特色。

我们平时会用字典查一个词的意思，因为字典中记载的是这个词的标准释义，是以大多数日本人的认知为标准来定义的，所以字典中的解释就可以称作这个词语的"标准值"。在理解其最基础的释义之后，我们才可以根据情况加上自己的见解，甚至有时能创造出恰到好处的妙语。但在购物时，我们却没有类似的"标准值"可供参考。

就像我在前言中写到的那样，当一个对钢笔知之甚少的人初次购买钢笔时，他首先需要了解的就是钢笔中的经典或标准。了解什么是经典钢笔之后，他才能以此为基准，来判断自己是买比这个便宜一点的，还是比这个粗一点的。但如果不了解，就算让消费者按照喜好挑选，他也不知道该怎么选。

不过大部分商店还是会让你按照自己的喜好选择，所以我会试着问一些问题："这里面历史最悠久的是哪一种？""有没有作家同款？"就这样慢慢找出最经典的那款钢笔。

不过这个寻找的过程并不容易，也要花不少时间。所以我想创造这么一个品牌，能像字典一样为大家提供购物时的"标准值"，或者说经典选择。

　　同时，我也想在当今这个被差异化竞争所左右，新商品不断涌现又消失的市场中掀起一些波澜。真正有必要存在的功能是什么？在此之上添加什么样的装饰性设计才合适？我们应该彻底梳理这些问题。

　　如果有一家店，店里的商品种类齐全，每一件都是经典，想买任何东西的时候都可以先去这家店看看，为找到自己真正心仪的东西获取灵感，那该有多方便啊！

　　这家店要与东急手创馆和唐吉诃德这种商品繁多的百货商店完全相反，每个品类仅有一样产品。或许我们可以叫它"一货商店"。

"THE"诞生的契机

"THE"诞生于一场邂逅。

东京中城每年都会举办名为"东京中城奖"（Tokyo Midtown Award）的设计比赛，我从第一届开始就一直担任评审，并拥有个人奖——水野学奖的决定权。

2008年获得东京中城奖水野学奖的是名为"富士山杯"的杯子，由当时就职于NEC的铃木启太先生设计制作。我与铃木先生的缘分也由此开启。

顾名思义，"富士山杯"是一个富士山形状的杯子，倒入啤酒后，升腾的气泡看起来就像富士山顶的积雪，非常漂亮。大家可能觉得这不过是一件趣味小商品罢了，然而只有看过铃木先生的设计图才会知道，这个杯子中究竟蕴藏着多少细节和心思。杯口厚度和与嘴的触感，以及拿杯子时的手感等，每一处都包含了十分缜密的计算。

富士山杯的设计太出色了，我随即建议铃木先生将其商品化，并提出为它做商品化策略和包装设计。经过多次商讨，我们最终决定采用梧桐木盒包装，定价 3776 日元，这个数字也是富士山的海拔高度。当时大家都很担心这个价格定得太高了，但我并不这么想。我认为高价能让我们更加注重产品的质量。稍后我也会讲到，任何商品都有最适合它的价格，而找到这个价格对一件商品来说至关重要。

富士山杯于 2010 年 1 月正式发售，继而迅速成为热销产品。

2011 年上半年，我们讨论到在富士山杯之后是否还能推出其他产品，当时铃木先生和我说了几乎一样的话。

"世界上有很多漂亮的杯子和有趣的杯子，但真正让我觉得特别好的却不好找。"（而且铃木先生也没有钥匙扣，也是用铁环代替的。此刻我又找到了一个乖僻之人，哈哈。）

"其实有没有趣都无所谓，普普通通的杯子就好了。"

两人相谈甚欢，我随手在手边的纸上写下了"THE GLASS"几个字。这就是今天的经典推荐品牌"THE"的起点。

讨论结束后，铃木先生当天就给我发来了首款 THE GLASS 的概念图。上面画着 S、M、L 三个同款不同号的杯子，是那家全球知名汉堡连锁店的饮品杯，大家应该都能想到。

看着这张图，我突然意识到，喝任何饮品前，大部分人都会下意识估算一下自己想喝的量，所以给同一款杯子设置不同的容量规格尤为重要。那要如何规定这个容量呢?

　　商讨再三,我们最终决定采用连锁咖啡店的饮品杯规格,共设置小杯(8oz①)、中杯(12oz)、大杯(16oz)三种杯型,因为这最贴近当代人的生活。这就是目前市面上售卖的 THE GLASS。由此,品牌"THE"正式启动。

THE GLASS

---

① 此处指液体盎司。1 英制液体盎司约为 28.4 毫升,1 美制液体盎司约为 29.6 毫升。

品牌建立与公司化

由设计师设计几款别致的物件，然后摆进国内外各个精品店，这样的事例屡见不鲜。

按照这种套路，我们以后很可能也只卖杯子就行了，但我并不愿意这样。

前面我反复提到，当今社会充斥着因差异化战略而强行丰富边缘要素的商品，这种现象使商品的标准值变得越来越模糊，经典也因此逐渐被掩盖。

不如我们自己重新打造经典，为消费者提供商品的标准值？就此我考虑了很多。首先我们需要把这个项目确立为一个品牌，然后不断开发各种商品。既然要这么做，就得成立公司，建立一个正规的运营体系。

不过，如果产品卖得不好，不能一点点渗透到整个社会，之前所做的一切都将失去意义。考虑到这点，我必须要拉一个人入伙，他就是我以前的一个客户，奈良麻制品传统老店"中川政七商店"

的第十三任社长中川政七先生。我非常信任中川先生的人品，以及他身为经营者的才华。我暗自思忖，这个项目必须有中川先生的专业指导才能更接近成功。

中川先生是一个直言不讳的人，对不好的东西会直接指出，这也是我信任他的原因。我把"THE"项目的想法告诉中川先生后，他表示能从中感受到一些亮点。他最开始说的那番话，让我印象尤其深刻：

"一般来说，大家不会生产毫无特色、毫无卖点的产品，因为很难说服批发商来订货，要把这样的产品推销给消费者更是难上加难。这就需要生产商非常详细地介绍说明。这确实是个难做的项目，但此刻我却觉得它很有意思，虽然说不上来为什么。我坚信这会是一次十分有趣的挑战，一起做吧。"

2011 年 11 月，我们三个人首次召开了启动会议。

某次碰头会上，中川先生带来了一份手写的销售和铺货计划，这也是我首次看到将"THE"公司化的具体实施方案。

2012 年 3 月，公司正式成立。

2012 年 10 月，曾在办公用品公司从事市场营销和产品开发工作的米津雄介先生也加入了我们。THE 今天的成员结构也在那时正式形成。

2013 年 3 月，在东京站前丸之内的"KITTE"商场内，直营店"THE SHOP"开业。

销售经典商品的困难之处

还记得中川先生说的那句话吗？"经典商品不好卖。"

也就是说，经典商品很可能卖不动。

我们可以设想一下，你面前放着几支黑色签字笔，它们没有明显差别，只是生产厂家不同，书写时的顺滑度和手感也稍有不同。在这几支笔中，哪一款才能算作经典商品？我们很难找到依据。我们暂且先把销量最好的那款当作经典，但其他几支也没有什么差别。几乎无法在功能性方面找到任何卖点，销售经典品的难点就在于此。

但我坚信，只要好好向客户传达，就能卖得出去。

在"造物信仰"的篇章中我也提到了，勤勤恳恳努力做工的真诚姿态在日本是一种美德。反过来讲，日本是一个会对精心制造表达敬意的地方。这也意味着，只要把我们制造过程中付出的努力和考究，认真、准确地传达给客户，大家应该都会用心倾听。

此外，随着网络的普及，现在我们采取任何行动之前都会做好充分调研。调研中也有人表示，商品的生产故事稍微长一点，反而会让人觉得有趣。

对于多年从事广告和品牌推广工作的我来说，"传达"这件事可以说是我的专长。只要把产品的卖点全面且彻底地展示出来，消费者就一定能够感受到它的魅力。

我曾经为一家深山里的温泉旅馆做过宣传册。旅馆置身于自然之中，四周空无一物，有时连手机信号都收不到，可以说是个非常不便的地方。而我把这里的"空无一物"做了最突出的展示："万分抱歉，这里空无一物，所以诚邀您一探究竟。"结果来访的旅客络绎不绝。我们把"空无一物"的魅力成功传达给了大家，所以人们才会想来亲身感受一番。

刚才我提到的签字笔，目前最有名的当数派通公司的产品。"文具店必备货品""看到老师在用"……如果仅仅了解到这种程度，你应该很难感受到派通产品的独特之处。派通签字笔是世界首款水性签字笔，也是美国总统林登·约翰逊曾经的钟爱，还被选为 NASA 宇航员的专用笔……这支笔身上承载了太多的历史和故事。

看完这些，大家是不是对派通签字笔有了新的认识？了解一件商品的历史可以是一种振奋人心的体验。

可能有人会想，不见得所有的商品都有这么清晰的故事吧？

不过回过头来看，每一件被选作 THE SHOP 经典的产品，确实都有着生动的历史和研发故事。在 THE 原创商品的制造过程中也发生了很多趣事，重点是我们如何在其中提取可用的宣传素材。

没有商品的店铺

2013 年 3 月，在东京站前一家名为"KITTE"的商场内，"THE SHOP"正式开始营业。而在决定开店的时候，"THE"品牌的商品其实还非常少。在还没有商品的情况下开店，我也知道这个决定不太明智。但即便如此，我们还是坚定地认为，想成功建立一个品牌，就必须开实体店。我们具体是如何决定要开这家店的，在第六章里中川先生会有详细的描述。

一方面，要想卖好经典商品，离不开一段有趣的产品故事，而为了能和顾客更好地交流，实体店绝对不可或缺。另一方面，实体店还可以辅助我们更加直观地向顾客展示品牌的魅力。如果仅仅用语言描述"这是一个创造经典的品牌"就显得很苍白无力，人们也很难领会到品牌的概念。把"THE"所想表达的"经典"展现在实体店中，品牌概念就能立刻跃然眼前。

把 THE SHOP 开在 KITTE 内的想法最先是由中川先生提出的。当时 KITTE 还没竣工，他说："这个选址非常好，中川政七商店也会在这里开分店。"

之前我们为 THE SHOP 的选址纠结了很久，不知道哪里才是与 THE 的品牌概念最契合的地方。如果想把 THE SHOP 定位成高端时尚杂货店，那么青山和代官山是首选；如果单纯考虑客流量，把店开在新宿或涩谷这类终点站附近也许更合适。

但当中川先生建议开在东京车站时我才发现，THE 的一号店铺非此地莫属。在东京都内的所有车站中，能称得上"THE 车站"的不就只有东京站吗？所以东京的 THE SHOP 只能开在这里。

其中的原委听起来有点像玩文字游戏，不过这种思路在塑造品牌概念时至关重要。

所谓概念，应该是所有人都知道的东西，就像地图一样。而 THE 品牌中的"THE"，取的是"经典"这层概念。迷茫不前时，时常看看这幅地图就好了。所以无论是店铺的选址、装修，还是店员的工作服，都需要考虑到经典——"THE"的要素。能为一切问题引导出答案的中心思想，就叫概念。

经过一番讨论，我们在 2011 年年底向 KITTE 的地产商展示了 THE SHOP 的开店规划。三菱地所的负责人直到现在还时不时调侃我："这家公司的人真是有意思，一件产品都没有，就来跟我说'我们要开店'。"

那天我们就带了两样东西，一样是 THE 的品牌策划书，另一样是一套 THE GLASS 的产品模型。在一件成品商品都没有的情况下，我们的开店申请说明会开始了。

"世界上有这么多商品，当我们特别需要买一些东西的时候，应该不会买不到吧？然而有一个疑问一直困扰着我：人们购买的这些产品中，有多少是'打心底里真正想要的'？

"不是因其可有可无的设计性，也不是妥协于其便宜的价格而购买的产品。而是消费者真正想买的、可以称作'××中的××'的、长期受人喜爱的终极产品。这类产品实际上在全世界几乎都是凤毛麟角。

"'既然如此，干脆自己做吧。'怀着这样的信念，我们决定亲手打造经典推荐品牌 THE。"

在这里，我介绍一下由此产生的"THE"的品牌概念，也是对本章内容的概括：

把握过去、深思当下、开创未来。

生命和基因的传承是一个不断生成、进化和淘汰的过程。随着无数次可歌可泣的徒劳，生命最终演变为最适宜的形态。而在人类历史的进程中，不断涌现的物品也同样经历着受人喜爱、最终消逝、改变形态、持续进化的过程。

直到今天，我们开始审视和思考，想寻找那个可以称作"××

中的 ××"的东西。例如,"牛仔裤中的牛仔裤"就是李维斯 501。

不过世界上依然有很多领域都还没有可称作"THE"的商品。

接下来我们要做的就是重新塑造世间的经典,创造后世之"THE";提高世间经典之物的标准值;制造真正可以称作"THE"的产品。这就是我们所追寻的"造物"。

孕育高品质经典商品的文化

说起"美丽的街景"，你会联想到哪个城市？大概很多人会回答日本京都、法国巴黎等城市。

京都有着严格的景观条例，与其他城市不同，那些五彩斑斓的店铺招牌，装饰有霓虹灯的便利店、超市、小钢珠店①等，在这里一律得改成棕色调的外装。京都对于建筑物的高度也有限制，像现代社会必不可缺的高层楼宇和公寓大厦，都属于禁建项目。

同样，法国巴黎也有严格的景观制度。城市中的所有电线必须埋于地下，新建或拆除建筑物要通过严格审查。在许多社区，在阳台上晾晒衣服甚至都是不被允许的。

这些严苛的景观制度不适用于所有城市，并且这些规定能否被当地居民欣然接受，我们也不得而知。但是，在京都和巴黎，我们确实感受到了城市的稳重与成熟之美。

---

① 一种日本盛行的弹珠游戏厅，带有赌博性质。

我想，生活在这里的大多数居民，应该已经在某些层面上达成了共识。"这就是京都（巴黎），一个街景美丽的城市"，人们认为自己必须守护这份美丽，并愿意为此付出行动。那些因喜欢京都而移居至此的人，必定也是理解了这种共识才选择搬来的。

人们建房子时也是，不一定非得建得多么高，而是要更多地考虑这栋房屋是否影响这个城市的美观。即便设法规避景观制度，建起一座风格迥异的房子，它也肯定不会成为京都的经典建筑。这种共识就这样不断在人群中散播、传承，城市的美丽才得以长久保持。

换句话说，这其实也是一种文化孕育的过程。政府虽然设定了某些制度，但也并没有施加压力强迫人们执行。而是人们认同了这些制度，然后自发朝着规定的方向行动。

我认为这样的状态也适用于产品制造。

前面说过，所谓"创造经典"，就是为世间人们所需要的物品设定一个标准值。而经典商品则是可以成为某领域中"共识"的东西。一个领域的经典商品品质的提升，就意味着该领域的标准值和共识得到了提升。相应地，整个行业就会从"做得差不多就可以了"的状态转变为"做不到那种标准的话，连及格都谈不上"。最终全行业的认知得以转变，生产出好产品的概率也会渐渐提高。

在技术革新盛行的领域，这种提升更是随着新技术的诞生不断发生。在顶尖技术的牵动下，最终实现整体标准的提升。

然而，当今时代技术革新的速度变得越来越慢。在市场成熟度比较高的领域，这种提升尤其难以发生。所以现在品质上乘的产品周围，也不乏其他粗制滥造的商品。

　　如前所述，一件商品要成为经典商品，首先必须满足其功能性设计。其次，一件商品还应具备它最根本的属性。

　　不过，现在世界上有太多产品设计都忽略了功能性和属性：时尚但不好用的日用品；看着时尚但坐起来很不舒适的椅子；设计师以个人时尚品位倾力打造，在杂志上大肆宣传，结果销量惨淡的传统工艺品；虽然装修风格很前卫、很时尚，但完全没有客人光顾的拉面店和寿司店……

　　我坚信，为某个领域树立经典，规定标准值，并尽可能地将这个标准值不断提高，创造这样一种土壤与文化，定会让我们身边的好东西越来越多，人们也会过上内心更加丰盈的生活。

第二章
改变世界的经典商品

水野学

包、椅子、碗盘器皿等世人熟知的经典商品，给世界带来了翻天覆地的改变。我们身边有很多这样的物品，大家也许并不记得具体是从何时开始使用它们的，但它们就是自然而然地存在于我们的生活之中。

在本章中，我精选了几款具有颠覆性意义的经典商品，并深刻剖析它们为何会成为经典。

饮料是否好喝，取决于饮料瓶的形状吗
——可口可乐玻璃瓶

说起冷饮中的经典，当然非可口可乐莫属。毋庸置疑，可口可乐乃可口可乐公司的招牌商品。除可口可乐公司之外，其他诸如百事可乐等生产可乐的公司也不可胜数。不过听到"可乐"两个字，我想大多数人首先想到的应该都是那个经典的红白标志。

说到可口可乐，最具特色的就是它的玻璃瓶的形状。现在的年轻人可能对罐装或塑料瓶装可口可乐更加熟悉，而对上了年纪的人来说，可口可乐玻璃瓶也是可口可乐的标志之一。身姿曼妙的曲线瓶，让人一眼就能辨认出可口可乐。

可口可乐玻璃瓶

可口可乐曲线瓶诞生于 1915 年。当时储存货物的仓库非常昏暗，车水马龙的大街也不如今天这般明亮。以"即使在黑暗中，仅凭触摸就能辨认出来"为设计理念，可口可乐经典玻璃瓶问世了。

这款玻璃瓶的设计灵感据说来自可可豆的豆荚，泛绿的玻璃也是其特点之一。独特的瓶形和颜色，使得可口可乐仅凭触觉即能被辨认，甚至摔碎在地也能一眼识别，为产品附加了更多功能。

1886 年，可口可乐在美国佐治亚州亚特兰大市诞生。当时药剂师约翰·史蒂斯·彭伯顿博士制作了一种药用糖浆，需要兑水服用。有一次，助手不小心将苏打水倒进了糖浆，品尝后觉得异常美味，这种喝法便在人群中迅速传播开来。据说这就是可口可乐的研发原型。最初的可口可乐中加入了古柯成分（毒品可卡因即从该植物中提取，但当时法律并未禁止使用该成分），这也是它大受欢迎的原因之一。

次年，初版可口可乐 logo（标识）也诞生了。不得不说，无论是饮料本身，还是容器形状、广告创意以及销售策略，可口可乐都可谓业界典范。我想正因如此，它才能成为世界首屈一指的饮料品牌。

包装设计对饮料产品来说十分重要。

以啤酒为例，厂商推出新产品之前，会对各家产品进行盲品测试。在不看外包装的情况下，人们仅凭味道评出的排名，与市场上实际的啤酒销量排行大相径庭。

也就是说，产品的外包装可能会对产品本身的味道产生重要影响。换言之，将饮料的味道与包装设计联系在一起，会产生十分强大的力量。

近年来，很多店铺开始售卖比利时啤酒。比利时啤酒品种繁多，除瓶身设计各具特色之外，很多厂家还为自家产品配备了专用的玻璃杯和杯垫等。

和葡萄酒一样，啤酒的味道也会随着细长或广口的不同酒杯形状而变化。通过捆绑销售与产品包装统一设计的玻璃杯和杯垫，可以实现不同的营销效果。例如，海盗图案会让人联想到畅快的味道，美人鱼图案则会被认为是女性专属。不管是瓶身、玻璃杯还是杯垫，所有设计都是在为啤酒本身的味道服务。于是人们只要看到产品包装，该品牌啤酒的味道仿佛立刻充满了口腔。

我认为可口可乐玻璃瓶也起到了同样的作用。人们看到那个曼妙瓶体的瞬间，可口可乐的味道就已萦绕舌尖。

可口可乐还有一个广为流传的故事，那就是它保密至今的原浆配方从诞生之初到现在仅经历过一次调整。

当时，由竞争对手百事可乐首次发起的盲品测试中，大多数人都觉得百事可乐的味道更胜一筹，鉴于此，可口可乐才做了唯一一次配方调整。然而这次调整遭到了粉丝的强烈反对，可口可乐很快又恢复了最初的配方。

这个故事在经营类书籍中经常被当作反面案例，不过从另一方面来看，这也是昭示可口可乐强大品牌力量的一段佳话。

任何人看到或摸到都能认出的特色瓶子，与可口可乐的味道一起，共同支持着这个经典品牌。这大概就是设计的力量。

接近完美的杯子
——多莱斯玻璃杯

不知道大家有没有仔细观察过咖啡店中用来盛水和冰咖啡的玻璃杯？我想大家应该对多莱斯玻璃杯这款杯子并不陌生。

这款杯子真的随处可见，当然这与它庞大的市场流通量有一定的关系。但更重要的是，相比其他杯子，多莱斯玻璃杯几乎堪称

多莱斯玻璃杯（Duralex Picardie Glass）

完美。

玻璃杯有两个必须具备的功能，一个是好拿，另一个是方便饮用。

多莱斯玻璃杯的外壁就像一个九边形，并且每一条边都由一个圆形的凹陷构成。这种凹陷刚好能贴合手指的弧度，更方便我们握住杯体。但如果同样的设计贯通整个杯子，带角的杯口将妨碍人们饮用。于是九边形纹路在杯身中间结束，上缘杯口处变为更方便饮用的正圆形。好拿和方便饮用两个必备功能，在这款杯子上都得到了满足。

多莱斯玻璃杯还有一个特色，那就是它在叠放时的优秀表现。

在餐饮店里，为了尽可能节约空间，一般需要把杯子堆成垛来存放。多莱斯玻璃杯不仅可以叠放，还特意将此考虑在整个设计中。叠放杯子时，两只杯子的杯壁只有九边形的九个角会相互接触，这样就降低了杯壁因摩擦而造成损坏的风险。杯子之间的空隙使人们叠放或拿取杯子时更加轻松，也让杯垛更加稳固。

多莱斯玻璃杯采用厚度约四毫米的钢化玻璃制成，抗摔，耐热性能好，可以盛装热饮，餐厅或酒吧使用这种杯子再适合不过了。

这样看来，多莱斯玻璃杯的独特设计不仅具有装饰性作用，还兼具绝佳的功能性。

经典之所以能成为经典，是因为产品本身的功能性设计已经达到了高水准。我们前面提到，现在有很多产品把更多力气用在装饰性设计上，而没有让功能性设计得到满足，这样的商品无论如何都不会长留于世。

多莱斯玻璃杯采用了钢化玻璃技术，诞生于 1945 年，于 1960 年正式开始出口，很快在日本流行开来。经典玻璃杯的称号可谓实至名归。

超级实用型设计
——便利贴和可弯曲吸管

便利贴（Post-it）也是因功能性设计而成为经典的商品之一。与邦迪创可贴（band aid）和透明胶带（cellophane tape）一样，便利贴的品牌名也被直接用作产品名。可做笔记，可贴在书中，便利贴可以说是我们上学与办公的必备文具。

1968年，在美国的3M公司，某名员工发明了一种粘上后还能再撕下的胶水。与其说是发明，不如说"偶然发现"可能更合适。不过当时因为未能发现这种胶水的用处，所以他没有立即将其商品化。毕竟是胶水，如果粘上后还能撕下来反而是个麻烦，有这种常识性的想法确实无可厚非。

后来，一位职员在教会唱诵赞美诗时，发现夹在赞美诗书中的小书签总是掉出来，于是他想到了那个胶水。1980年，便利贴正式问世。

人们因为某种功能的出现而产生了前所未有的新需求，便利贴也因此成了商品开发领域的经典成功案例。

还有一个比较容易理解的例子是可弯曲吸管，它同样因其完备的功能性设计而成为经典商品。

作为一种用来喝饮料的筒状工具，最原始的吸管从很久以前就进入了人类历史。吸管（straw）在英语中原意为麦秆，直到近代，人们大多采用黑麦的茎当作吸管。

近现代的吸管出现于 1890 年前后，由美国发明家马文·切斯特·斯通（Marvin Chester Stone）用涂蜡的纸制成。研发目的是防止黑麦吸管的味道影响饮料本身的味道。

直筒形状保证了吸管最基本的功能，在此基础上增添可弯曲这种附加功能，则使吸管更趋于完美。

可弯曲吸管诞生于 1937 年，出自美国发明家约瑟夫·B. 弗里德曼（Joseph B. Friedman）之手。有一天，弗里德曼正在弟弟开的咖啡馆里喝茶，突然看到自己年幼的女儿正在费力地喝着放在吧台上的饮料。对孩子来说，笔直地放在高高的吧台上的杯子里的吸管比她嘴巴的位置还要高很多，简直太难够到了。

于是弗里德曼想，能不能把直的纸吸管做成弯的？如果吸管的饮用口朝下，个子小的孩子也可以轻松喝到饮料。他用牙线在吸管上添加了凹槽，吸管便能简单弯曲了。

几经周折，1947 年起可弯曲吸管以医院为主要市场开始销售，之后迅速流行开来。现在我们一般使用的塑料吸管,其设计和七十年前的吸管几乎没有差别。也就是说,可弯曲吸管在功能性方面已经接近完美了。

说到能让日本引以为傲的功能性设计,牙签算一个。

牙签虽然没有特殊的形状,实际上却有着十分巧妙的设计。不知大家是否了解,牙签顶端的凹槽是用来将牙签折断的。相传,牙签原本的使用方法是把折断的部分放在桌子上,然后把尖头的一边架在上面,和筷架有异曲同工之妙。折断也可以表示这枚牙签已经被用过了。不过这么便利的功能好像鲜有人知,虽然略有遗憾,但还是希望大家知道,即便是牙签这么小的东西,其中也蕴含着很多功能性设计。

就像牙签和吸管,只要我们细心观察,生活中的经典商品其实随处可见。

不同的国家，不同的颜色

关于便利贴的研发，还有一段更加有趣的故事。

说起便利贴，大家最先想到的是不是黄色？这里的黄色其实隐藏着鲜有人知的意义。

便利贴问世之初，几乎没有市场需求。3M 公司计划面向法律事务所或企业的秘书等推销这种商品。在美国，有一种叫作美式拍纸簿（legal pad）的办公室常用书写纸，它的常规颜色就是黄色，3M 公司注意到了这一点。

一张便笺，贴上之后最好能不那么醒目，而只突出呈现写在上面的文字。于是，和拍纸簿颜色相同的黄色便利贴诞生了。后来黄色成了便利贴最经典的颜色，不过它的由来几乎没人知道。

一般来说，想要一种商品卖得好，企业常常会扩大客户群，让更多的人使用它。便利贴则反其道而行，通过缩小范围、明确目标用户，成功突出了产品的特性。其使用效果先是得到了目标用户的认可，反过来成了更多人愿意选择的魅力产品。

颜色对商品来说十分重要。例如，说到铅笔，大家首先会想到什么颜色？

以日本品牌为例，蜻蜓牌铅笔是绿色的，三菱牌铅笔是褐色的。我们问过很多人，好像大多数日本人首先想到的铅笔颜色都是绿色。

然而在世界范围内，黄色才是铅笔的代表色。目前世界上流通量最大的铅笔来自美国企业迪克森。1860年之前，人们一般都用毛笔蘸墨水来书写。然而12年后，迪克森以日生产量86000支的铅笔改变了一个时代。

迪克森的铅笔为什么是黄色的？这与颜色给人的感觉有很大关系。

铅笔芯的主要成分是石墨，当时上好的石墨大多开采自西伯利亚。西伯利亚位于美国遥远的东侧，而黄色代表着东方。企业认为，只要把铅笔涂成黄色，就能使人们联想到东方，进而使铅笔看起来品质上乘。

后来，西伯利亚的石墨资源被开采殆尽，铅笔生产转而使用其他国家的石墨，最初的黄色却一直保留了下来。这样"这支铅笔中含有优质的石墨"的印象就会持续存在，人们对它的热爱也得以延续。

能成为经典的东西，首先一定是功能性的发明。这之后，除商品本身之外，包含广告和包装在内的所有设计，都会对商品能否成为经典产生重要影响。只有历经岁月洗礼，经过时代考验的东西，才能成为经典。

经典从自然淘汰中诞生
——丰田汽车

不仅在日本，丰田汽车在世界范围内都在不断创造经典。过去的卡罗拉，现在的普锐斯，每一款都是全球畅销，每一款都可被称为"THE 汽车"。

我认为，经典是在自然淘汰中诞生的。经过某些过程最后得以存活的东西，就是我们说的经典。这里的淘汰方法可以分为两种，一种是时间淘汰法，另一种是评判系统淘汰法。

而丰田公司作为创造经典的天才，在这两个方面都做得很好。法拉利和保时捷当然也是十分帅气的汽车，但如果问它们是不是汽车行业的经典，我认为答案是否定的。

丰田没有任何一款非常奇特的车型，好开、放心、安全就是一切，连广告都做得中规中矩。我和丰田合作时感觉到，"丰田制造"就像在下游河滩上发现的、光滑漂亮的圆形石头。

各种奇形怪状的大岩石源源不断地从河的上游流下来，这些岩石就好比奇特的产品创意或者广告方案，它们在流往下游的过程中会不断遭受撞击，被磨去棱角，最终变得圆润。

有些人觉得那些上游的大岩石非常优秀，是力量的代表。但对其他人来说，这些大岩石可能看起来过于笨重，甚至有点吓人。然而没有谁会讨厌下游的那些圆形石头，任何人都会欣然认同"这石头真圆真漂亮"。在这些圆形石头中找到最美丽的那颗，并把它展示给世人，这就是丰田的做法。

我认为广告制作的过程也很相似。先是做出多种方案，然后反复修改，直到提交给上层决策者。广告制作就是这样一套评判系统。

世界上有很多总经理独裁制的企业，仅靠领导一声令下便能取得斐然成果。不过，通过无数次缜密验证，最终生产出让所有人都不会反感、近乎完美的产品，这也许才是销售额稳居日本第一位的丰田能够成功的秘诀。不仅如此，在稳步前进的同时，丰田还大胆推进混合动力汽车、自动驾驶技术、IT 化等新技术，这也是丰田的出色之处。

反复淘汰是创造经典商品的关键步骤之一，这与生物进化中的物竞天择极为相似。

那么生物进化是如何发生的？在这里我们以长颈鹿为例来探讨。关于长颈鹿的脖子为什么这么长的问题，有两种比较主流的论调：一种是说因为低矮处的食物减少，鹿为了获取高处的食物，于是脖子逐渐变长；另一种则主张脖子长的鹿在生存竞争中活了下来，所以我们现在看到的都是长颈品种。

以前第一种说法流传比较广泛，但似乎第二种说法才是目前生物学界的主流观点。长颈鹿的脖子之所以长，并不是进化的结果，而很有可能是由于某个因基因突变而出现的长脖子个体，偶然在当时的环境中存活了下来。

生物无法有目的地进化出某种功能以求生存，同样，商品也很难仅靠某些突出的功能而成为持续畅销的经典。就像地球环境不断变化一样，市场环境也瞬息万变。

企业要想在市场上持续存活下去，产品必须足够完美，这样才能应对难以预测的变动，即便时代变化也能持续被市场需要。如果只顾追逐一时的流行，商品必定无法长期畅销。

我认为，这套进化与淘汰的法则不仅适用于商品，也适用于企业本身。

众所周知，丰田汽车最初以制造自动织布机起家，法国著名汽车制造商标致原本也是一家制造研磨器的工厂。

标致胡椒研磨器上市于 1874 年，如今它的年销量仍超 2000 万台，是当之无愧的经典商品。标致最初只生产谷物研磨机，后来开发出咖啡研磨器大赚了一笔，于是便开始尝试制造汽车。从生产咖啡研磨器到生产汽车，标致用了 50 年的时间。

从咖啡研磨器到汽车是一个惊人的飞跃。今天，标致的 logo 仍保留着研磨器时代的痕迹。那头狮子代表的不是飞速驰骋的汽车，而是指研磨器的性能如狮子的下巴一般强劲。

还有意大利的汽车品牌兰博基尼，它的车标是一头牛。这是因为兰博基尼最初是一家生产拖拉机和其他农业机械的公司。

随着时代变化，一个企业无法只靠卖一种产品生存。在这种情况下，如何运用核心技术来最大限度地适应环境，企业是否具备这样的技术能力，是一个企业建立和延续品牌必须思考的问题。

标致胡椒研磨器

名气随普及度提升逐渐弱化的设计
——伊姆斯椅

一个商品从诞生到变成经典，可以说是源于时代对它的渴求。

伊姆斯椅是世界上最著名的椅子，由设计师查尔斯·伊姆斯和雷·伊姆斯夫妇设计。伊姆斯夫妇是设计师中的时代先锋，他们设计的家具直到今天仍被广泛使用。

伊姆斯椅可以说是第二次世界大战后，由美国的社会需求催生的产物。

"二战"后，很多被派往海外的美国士兵回归祖国。包括椅子等家具在内，各种生活物资瞬间出现了短缺。当时的美国社会急需能在短时间内大批量生产的椅子。

战时美国为了制作头盔，开发了玻璃纤维增强塑料。这种材料比金属更轻、更便宜、更坚固，且更容易加工，于是伊姆斯想到用这种增强塑料来制作椅子。头盔制作技术与椅子融合引发了革新，伊姆斯椅就这样诞生了。

伊姆斯 四腿底座模压玻璃纤维单椅

伊姆斯椅首创于 1948 年，在家具生产史上具有重大意义。如果说北欧家具是手工业的产物，那么由玻璃纤维增强塑料制作的椅子在某种意义上正好相反，是加工工业的产物。

就这样，美观、轻便、结实、便宜、易流通的伊姆斯椅逐渐走向世界。在此之前，椅子的椅座和椅背一般都是分开的，据说如今座背一体的椅子也乃伊姆斯首创。

之后，伊姆斯椅的款式越来越多，材质也发生了变化。含玻璃纤维的材料被认为对环境有害，后来逐渐被聚丙烯塑料替代。近年来，随着新型环保玻璃纤维的问世，材质与原始用材几乎相同的伊姆斯椅也重返市场。

还有一说称，世界上所有椅子的大小与形状比例，都是由伊姆斯椅决定的。我想，现在世界上每个国家的产品设计师的办公室里，大概都有一把伊姆斯椅。因为设计师每次设计新椅子时，都可以把它当作最基础的参考，通过实际测量获得灵感，更容易找到标准。

即便经过调整变换了各种形态，但伊姆斯椅原本就是一把无比合格的椅子，是很多人都觉得坐着十分舒适的椅子。设计师没有针对不同国家对它做出调整，所以我认为，一把椅子能让世界上那么多人都中意，是很了不起的事情。现在全世界到处都是以伊姆斯椅为范本制作的椅子，这就是最好的证据。

实际上，单从普及程度来看，伊姆斯椅并不是世界之最。有一种叫 Monobloc 的椅子，应该是目前世界上最常见的椅子。

Monobloc 椅诞生于 20 世纪 80 年代，历史较短，制作者不详，多由较薄的塑料制作而成，轻便易搬运，价格低廉，可码垛，防水，集多种优点于一体。

可能大家会想，Monobloc 椅流通量这么大，应该称得上经典吧？但以我们的标准来判断，Monobloc 椅无法被定义为经典。

Monobloc 椅的性能没有明显缺陷，设计不能算差，但也说不上好。它最致命的问题是不耐用，以及人们对它"反正也不贵，坏了就扔掉，直接换新的就行"的随意态度。

Monobloc 椅由不可降解塑料制成，丢弃后只能被掩埋处理，亦不可焚烧。国外有人半开玩笑地说，未来的世界估计会被坏掉的 Monobloc 椅填满。

　　当下环境问题越来越受重视，所以我认为这样的商品不能称作经典。

广义经典与狭义经典
——匡威 All Star 与锐步 Pump Fury

所谓经典，并不是说每个领域只能有一个。经典还可以分为广义上的经典和狭义上的经典。究竟如何定义，还要看所选范畴的大小。

为方便理解，这里我们以鞋子为例来说明。世上生产鞋子的企业不计其数，不同的穿着也要搭配不同的鞋子，所以我们很难定义某一款鞋子为"THE 鞋子"。

但如果我们把范围缩小到企业，那每家企业都有属于自己的经典。匡威的 All Star，阿迪达斯的 Superstar、Country、Stan Smith，耐克的 Air Force、Cortez，新百伦的 996、576，这些都是运动鞋中的经典。

要说这些鞋子的共同特点，我认为在于它们的"不被反感性"。所谓"不被反感性"就是指容错率。一双鞋的容错率高，穿任何风格的衣服都可以搭配，不容易受个人偏好和流行趋势的影响。

锐步的 Pump Fury 和耐克的 Air Max 相比之下就没那么经典。因为这两款鞋子的外形比较独特，非常容易受消费者个人喜好影响。

　　同样，那些被称作经典的鞋子，最初也都是为了满足某些功能而被设计出来的。例如，All Star 和 Air Force 是篮球鞋，Stan Smith 是网球鞋，新百伦则是为了让人们跑步更加舒适而专门设计的跑鞋。

　　即便是为了满足功能性需求而诞生的设计，也可以作为一种时尚被人们广泛接受。其实每个领域中都有比这些经典款的功能性更加优秀的鞋子，然而人们很少会在日常生活中穿着它。Air Jordan 等篮球鞋也曾流行一时，但我却难以将它们称作经典。

　　汽车也一样，可以按照类别定义不同的经典。例如，高级轿车中最经典的是梅赛德斯奔驰，高级越野车中最经典的是路虎，跑车中最经典的是法拉利、保时捷、兰博基尼等。

　　所以说，根据价格、消费群体、用途、人种、地域等的不同，经典也会有所不同。

第三章

成为经典的条件

水野学

成为经典的五要素

创造不被时代左右的经典商品需要什么？只要搞清楚这一点，就能做出经典，我们能否找到这种"创造经典的条件"？本章会对此作一些思考。

一般来说，经典商品都是先被人们广泛使用才慢慢变成经典的。所以寻找经典的条件，其实就是从现有的经典中倒推出假定结论，然后用于实验的过程。

我会从这五个方面分析"THE"能成为经典的参考条件：造型、历史、材质、性能、价格。

在 THE，这五个要素又分别被划分为五个星级，用来评判每件项目中的产品。当然，五项要素中每项要素获得的星级越高，这件产品成为经典的可能性就越大。产品如果仅满足部分要素，但这几项要素的表现尤为突出，有时也可能成为经典。THE 研发制作的原创商品被称作"THE××"。例如这款"THE 饭茶碗"，造型就是其中需要重点考虑的要素。

"造型"二字看似简单，但根据需求不同，最终得到的造型也完全不同。究竟如何决定一款商品的造型？铃木先生在第四章中对此做了详细的讲解，不过在这里我可以先提一句，设计"THE 饭茶碗"时，我们的目标就是做出最方便日本人拿取的形状。

决定一个碗的造型的因素有很多，如外观和容量等。在诸多因素中，我们最看重的是其造型是否"好拿、好用"。

能让一个碗"好拿、好用"的造型究竟是什么样的？我们参考的关键词是"身度尺"，这是一套以人体为参照的度量法。巧合的是，根据这个规则制成的碗，尺寸居然和江户时代的碗相同（参见第115页）。

THE 饭茶碗

如何考量产品的历史和价格

所有"THE 饭茶碗"只有一种尺寸和一种造型，产地共有五处。也就是说，目前在售的"THE 饭茶碗"共有五个品种。有田烧、清水烧、信乐烧、濑户烧、益子烧，每一种都有着独特的发祥故事，都出自自古以来的著名陶瓷器产地。日本的陶瓷器历史悠久，产地不同，魅力也各有千秋。如果把生产限定在某一处，总觉得缺点什么。我们几经考虑，最后决定由五个产地共同生产"THE 饭茶碗"。

前面我们提到，"THE 饭茶碗"的造型可追溯至江户时代，所以在历史方面我给出的是五颗星。

这里的历史要素又可细分为两个小项。

一个是支持率的高低，也就是使用者的数量。为什么用"率"来衡量？因为根据一个商品的目标市场规模不同，我们必须考虑在国家、地区、年龄等被限定的情况下，它的受支持程度如何。

另一个是支持时间的长短，指的是一个商品被支持的时间是一定的。

也就是说，历史 = 支持率 × 支持时间。

因此，想提高一个商品的支持率，以下三个条件必不可缺：

　　a. 信用度——出身要明确。这也意味着生产者值得信任，品牌力量强大。

　　b. 完成度——商品本身要经得起考验。

　　c. 知名度——流通量大，尽人皆知。

只要具备了信用度、完成度、知名度这三个条件，就更容易得到人们的信赖和支持，从而满足历史要素，商品就更可能成为经典。

一件商品能获得多少人的支持、能获得多长时间的支持，是我们塑造经典时必须着重思考的问题。

在材质方面，"THE 饭茶碗"得到了四颗星。五个产地分别采用当地的优质陶土古法烧制，每个地方的土质不同，所以产品各有特色。

"THE 饭茶碗"是一个极致标准的碗，所以性能方面得到的是三颗星。

材质和性能是两个至关重要的要素，因为如果通过技术革新等手段使这两项尤为突出，有时也可以成就新的经典。

例如可擦除圆珠笔 FriXion Ball[①]。它的普及程度非常广，如今

---

① 日本著名文具公司百乐 PILOT 生产的一款圆珠笔。

已经很难找到一场不用 FriXion Ball 笔的会议。这件产品在性能方面毫无疑问是五颗星。刚上市不久，它便成了圆珠笔新的经典产品。

价格也是经典商品的一个重要指标。当然，也并不是说只要便宜就行。

一般情况下，商品有两种定价方式。一种是在生产成本上加一定的利润率，计算出定价；另一种则相反，先确定销售价格，然后根据价格调整生产成本。然而这两种方式都不尽完美。用前一种方法计算出的价格有时会比最初预想的价格高很多，后一种则会因为控制成本而牺牲产品的品质。

并且，商家经常会因为同行间的价格竞争把价格尽可能定低。仿佛价格越便宜，就越能获得消费者的青睐，但我们认为也不尽然。太过低廉的价格反而无法将商品真正的价值传达出来，还很容易让商家在价格战中自取灭亡。

我们是这样考虑的：先做出一个最有可能成为经典的产品，然后再思考这件产品在市场上卖多少钱比较合适。我们把这个价格称作"适价"（合适的价格）。

有关适价的详细内容，中川先生会在第六章中以"THE GLASS"为实例讲解。值得一提的是，在 THE，当生产成本升高时，我们并不会简单地提高售价。

在制作 THE GLASS 时，我们最初预设的适价是 1000 到 1500

日元，而实际的生产成本几乎超出了适价。但如果将单次生产批量提高，产品的单价也能降低。于是我们从另一个角度倒推，扩大生产量，最终实现以适价销售产品。

当然，这样做也需要承担很大风险，但即便如此，我们也要为了实现适价销售而做出这样的经营决策。为了让 THE 的商品成为经典，我们关于价格的思考方式坚定不可动摇。

把握过去、深思当下、开创未来

创造经典的过程，用一句话概括就是"把握过去、深思当下、开创未来"。这句话是 THE 的标语，也是我们制作经典时的心路历程。

在考虑制作一件经典商品，或为 THE 的店铺选品时，我们首先会调查清楚该品类的历史。

例如，我们在第一章中提到的巴斯克衫，其最大的特点是横条纹和宽大的一字领，而它深厚的历史就蕴含在它的名字里。巴斯克横跨西班牙东北部和法国西南部，是巴斯克衫的起源地。

在 THE SHOP，我们会定期举办"THE 大奖赛"活动。先是确定一个品类，陈列出几个不同品牌的产品，然后让消费者投票，最后选出可以称作"THE"的商品。目前参加过这项活动的商品已经很多了，有沙滩凉鞋、折叠伞、马克杯、剪刀，等等。通过这个活动，我们可以了解消费者是以何种标准来判定经典的，这对我们来说是很大的收获。

有一次，活动的主题是"THE 巴斯克衫"。在准备候选商品时，我们顺便调查了巴斯克衫的起源。

　　很久以前，巴斯克衫是渔民或船员穿的衣服，一般是七分袖，可以避免在船上作业时被挂到。它最具特色的横条纹可以使落水者在海里看起来更加醒目。因为被法国海军选作制服，巴斯克衫的知名度逐渐提高，后来在南法的度假区等地开始流行，作为普通服装传播开来。据说著名画家毕加索也对巴斯克衫喜爱有加。

　　我们比较熟悉的巴斯克衫品牌有圣杰姆、Le minor、Orcival 等，到底哪款才能称作"THE 巴斯克衫"？它们都曾被法国海军选用，品质也都十分优良。通过投票，我们发现了消费者的选择标准，那就是看谁更接近最原始的巴斯克衫。

　　现在我们见到的巴斯克衫使用的布料基本和普通 T 恤没有区别，而最初的巴斯克衫大多为针织面料，据说是期盼船员们平安归航的母亲或者妻子亲手为他们编织的。这个起源故事深深打动了消费者，于是仍使用针织面料制作的 Fileuse d'Arvor 牌巴斯克衫在投票中获得了第一名。当然，我们对这个结果也十分认可。

创造经典需要庞大的知识量

做好把握过去，接下来就要深思当下。要做好这一项工作，第一步就是要在探究该产品既往历史的过程中，找到它的变与不变之处。

某件经典商品是在什么样的时代背景下诞生的？和当前的时代背景是否相同？即便时代背景相同，人们的生活方式是否已经改变？人们的喜好是否已经变化？这些都是需要注意的问题。

"深思当下"有两项重要前提。一个是尽可能多地从各种渠道收集信息，另一个是寻求社会共识。

我们先说第一项，"尽可能多地从各种渠道收集信息"。

当今社会，我们常常以为自己对一切事情都了如指掌。但即便在信息如此泛滥的时代，我们接触到的信息还是在不知不觉中带有局限性。

在我们喜欢且擅长的领域之外，世界还很宽广。该如何感受和调查这些多样性，是我们深思当下时需要特别重视的问题。

信息技术革命后，我们觉得世界变得更广阔了。而实际上每个人的心墙却也因此变得更厚了。每个人都为自己砌了一堵墙，只关心自己的兴趣爱好。如何跨越这堵墙，对生产者来说是一个十分重要的课题。

要突破这种信息局限，不能只依靠网络和社交软件。从出版社、报社、电视、广播等官方平台获取信息也尤为重要。

当然，媒体也常传达错误和虚假的信息，而网络中有时也存在真相。所以学会甄别信息，在大量信息中找到真相，是一项非常重要的工作。

我认为深思当下中的"思考"可以分解为三步，分别是了解、质疑、传达。

首先是"了解"：通过各种调查，构建起一个事物的基本架构。然后是"质疑"：从多种角度多重验证收集到的信息。最后把收集到的信息"传达"给别人。只有梳理清楚所有信息，才能完成传达的工作。

即便我们对某件事已经有了一定了解，但如果只停留在想的阶段，也无法从中获得知识。只有自己把这些信息梳理好，再清楚地传达出来，才能称得上思考过了。整理收集到的信息时，这个过程非常重要。

从社会共识中引导出"本质"

如前所说,"深思当下"的第二个重要前提就是寻求社会共识。

"社会共识"是一个合成词,它还可以称作"潜在共同认知"。

例如,听到"天空"这个词,大部分人都会联想到蓝天、白云等。大家无须开口相互确认,自然会想到同样的东西。然而对生活在极夜地区的人来说,说到天空,他们第一时间想到的应该是黑色和星星。国家、地区、时代不同,社会的共同认知也有差异。不过世界上的"潜在共同认知"非常多。

如何挖掘一个东西的社会共识?有一个方法叫"找出 sizzle"(找出购买欲)。

"sizzle"原指烤肉时的"嗞嗞"声。在广告界,使食物看起来很好吃的表现手法也叫 sizzle。而在这里我想把它的含义拓宽一些,理解为让人忍不住想拥有的"事物特质"。

"特质"对物品来说非常重要。请试想把味噌汤装进巴卡拉牌水晶杯,即便再高级的容器,都不会让味噌汤看起来更好喝。味噌汤就是应该用碗盛。

如果用纸盘盛米其林三星餐厅的菜品，味道肯定会大打折扣。相反，如果把便利店的熟食装进漂亮盘子，再搭配精致的摆盘，看起来说不定也很美味。像这样，我们在所有感官的共同作用下看待与理解一个事物，是一种下意识的行为。

为了找到一个事物的 sizzle，我经常会用一个方法："××感觉分类法"。

比如为巧克力设计包装。首先思考一下，说到巧克力，你会想到哪个国家？我们采访了一些人，在大家的印象里，有"巧克力感觉的国家"一般是比利时、法国等欧洲国家，很少有人会说俄罗斯或者中国。也有少部分人会提到加纳，因为加纳是巧克力的生产原料可可之乡。不过这种情况比较特殊。

我们再让人们把比利时或者巧克力比喻成一种颜色，最多的回答是金色、棕色、泛红的颜色等等。当然，这些数据都来自日本人。而在瑞士，巧克力的包装以紫色居多，对瑞士人来说，紫色可能才是巧克力的代表色。因此做设计时一定要考虑地域适应性。

正式开始设计的时候，时刻牢记"有巧克力特质的颜色"就好。可以遵从这个颜色，也可以完全抛开它。不过如果想打造一款经典巧克力，安全起见，尽量不要选用与巧克力感偏离太远的颜色。一个没有巧克力特质的包装，也许会让这款巧克力看起来有点奇异。

一个事物的 sizzle 和特质与它的本质紧密相连。了解一件事物的社会共识，就相当于掌握了公众的共同认知。抓住事物的本质，做出大家都认可的东西，就是打造经典商品的重要条件。从当前的畅销商品和市场需求中挖掘出社会共识，就能为未来的经典商品找到灵感。

这么看，一个事物是否拥有"特质"和它成为"经典"，可能刚好就是鸡与蛋的关系。

当问到对跑车的印象，很多人会回答红色，可见法拉利的跑车对世人的影响之大。说起经典跑车，法拉利肯定首屈一指。

也就是说，某一领域的"特质"，很多情况下其实源自当时该领域的经典。所以我认为，只要沿袭"经典→特质"这一公式，就能创造新的经典，也就是"特质→新的经典"。说不定新的经典又能创造下一个时代的"特质"。

创意源自丰富的知识储备

在把握过去和深思当下以后，接下来进入"开创未来"的阶段。不过如果只是茫然等待灵感降临，好的创意永远不会产生。

想一想，目前得到的信息中有什么共同之处？有没有什么功能是颠覆这件物品地位的契机？

时代的脚步从未停止，从遥远的过去延绵至今。掌握过去和现在的信息，就能看到未来。未来是现在的延伸。

现在我们把之前提到的一系列思路，以"THE 酱油瓶"的制作过程为例来验证。

首先是"把握过去"。我们首先调查了历史上最具代表性的酱油瓶，其中最经典的当然要数龟甲万酱油瓶，红色的盖子，圆锥形的瓶身，很有特色。虽然现在龟甲万酱油瓶已不多见，但在当时，它几乎席卷了全日本的餐桌。

接着我们调查了最近几年的流行趋势，一个关键词进入了我们的视线——鲜度。

THE酱油瓶

近年来，为了保持酱油的鲜度，有些酱油厂家特意为产品设计了专门的包装。一个原因是人们对食品品质意识的增强，但除此之外，时代背景也是一个很大的诱因：西式饮食文化影响、独生子女家庭增多等，导致人们越来越少使用酱油。经过这样一番思考，适合当代生活的酱油瓶应该是怎样的容量，答案自然就出来了。

但那些标榜"像滴管一样让酱油一滴滴流出来""不会洒"等功能的酱油瓶，消费者实际使用后却抱怨："满怀期待地买回来，但用着用着发现还是会漏汁。"因此在"避免漏汁"这一点上，酱油瓶仍然存在改进空间。

市面上的酱油瓶材质十分丰富，有陶瓷、玻璃等等。玻璃酱油瓶的最大问题是，随着使用时间增长，瓶子上的脏污会越来越明显；而陶瓷材质的瓶子，又不方便观察瓶中还有多少酱油。

像这样，一边考证酱油瓶的发展演变过程，一边观察当下的趋势，就能逐渐发现什么样的产品才有可能成为今后的经典。

"THE 酱油瓶"具体是如何呈现的？详细情况我们会在第四章中介绍。通过信息收集、仔细验证制造出的"THE 酱油瓶"，现已成为 THE 热门商品榜单上的常客，也经常被媒体报道。很多创意灵感，其实就在你我身边。

经典与潮流的界限

我们常常觉得所谓流行只是昙花一现，实际上它可以分为两种情况：一种是有一定的时间积累并很可能成为经典的流行，另一种则是风靡一时的流行。我们必须学会区分这两者。

有一个与"流行"十分相似的词叫作"热潮"（boom）。风靡一时的流行就会成为热潮。然而当潮流退去后，这类事物往往让人觉得很老旧（过气）。因此，如果想创造经典，千万要避免它成为热潮。

耐克的 Air Max 系列一度备受追捧。因人气过高，甚至发生了"狩猎 Air Max"等抢劫事件。在这种反作用下，热度过去后如果继续穿着这款鞋，总让人觉得有点不好意思。

这种"一旦热度过去就会不好意思"的感觉，就是热潮的特征。继续使用这类物品，还很容易被别人说"你怎么还留着那个？"所以，为了创造经典，就尽量不要让它成为一时的热潮。

为了防止人们厌倦某样产品，越是热潮，就越要努力让它"退烧",想办法降低它的热度。顺便一提,Air Max 从过去的热潮中消失了一段时间,最近似乎又要复兴了。如果现在能运作得好,说不定也可以成为一款经典运动鞋。

给热潮退烧其实不是什么难事。当一件商品被推向热潮时,很多商家采用的手段就是减少它的市场流通量。不过如果把握不好度,这种做法有时会起到反作用,使热潮进一步攀升。这里分享一个酒类商品的成功案例。

2003 年到 2004 年,日本出现了一阵空前绝后的烧酒热潮。其中,以高级烧酒著称的森伊藏(Moriizo)、村尾(Murao)、魔王(Mao)人气高涨,曾有"梦幻烧酒 3M"之称,不断被高价倒卖。为回应当时的市场需求,最直接的做法就是扩大产量,但生产商选择了控制产量,由此导致的稀缺性反而使商品更有价值。即便如今热潮退去,3M 仍保持着高级烧酒的地位。

手表中也有类似的案例,例如百达翡丽手表中的经典——卡拉特拉瓦系列。听说商场里的手表专柜,可能一年连一块卡拉特拉瓦系列的表都进不到。

像这样,有品牌策略的公司会通过控制货流量,来避免产品昙花一现。

长期流行产品应具备的三要素

经典其实就是"长期的流行"。潮流和经典的主要区别就是事物的人气持续时间长短。比如夏目漱石和太宰治这类作家的小说，至今仍被人们反复阅读，在很长一段时间里都很受欢迎。

而那些娱乐性比较强的小说，即便在某段时间非常流行，时过境迁后往往会被人遗忘。虽然直木奖①以直木三十五的名字命名，但现在有多少年轻人读过他的小说？

世界上有很多这样的商品。人们会因为一时的热潮购买它，但绝不会再买第二次。

为什么会这样？归根结底还是因为最基本的产品制作和品牌构建不够扎实。如果产品的功能性设计没做好，即使强行把它推向热潮，也必定不会长久。

经过了热潮的考验最终变成经典的，都是些什么样的产品？

---

① 日本的一项文学奖，设立于 1935 年，多以新人或不知名作家为主要评选对象。

瓶装茶是一例。它刚上市的时候，很多人说"谁会买这种东西呀"。然而今天，瓶装茶成了便利店货架上的主要商品。

在节日或活动领域，万圣节正悄悄变身为经典。最近几年可以说是万圣节热潮的鼎盛时期，照此势头，想必今后它也会慢慢变成一个经典节日。

再来看甜品领域，这段时间比较火的应该是松饼。六年前，夏威夷的松饼店"Eggs'n Things"在日本开了第一家分店，引起了很大反响。如今，日本的松饼店日益增多，松饼也成了餐厅甜品菜单上的固定条目。

这么看下来，能够长久流行的事物大致具备以下三个要素：

① 革新；
② 理所当然却并不存在的事物；
③ 容错率高。

"革新"也就是创新。毫无疑问，要创造经典，如果做出来的东西和现有商品完全一样，那也没什么意义。

不过大家不要误会，革新也不是必须一切从零开始。

例如，蒸汽机的发明具有划时代的意义。但如果把它按照要素分解开来，就会发现它并不是前所未见的全新技术。其实日常生活中随处可见由蒸汽的压力造成的物体移动，比如沸腾的开水产生的水汽把水壶盖打得啪啪作响，这个场景想必大家都见过。利用这个原理，组合一套车轮驱动装置，蒸汽机就出现了。

也就是说，蒸汽机的诞生是通过组合现有事物实现的。

为什么要强调这一点？因为人们很难接受全新的，甚至连使用方法都无法想象的东西。一个陌生的东西很难一下子成为经典。无论它的品质有多好，大多都经不起时间的考验，很快就会消失在人们的视野中。

就像水和茶，自古以来就是家庭必备饮品。而现在重量轻的塑料瓶代替了水杯，使携带更加方便。瓶盖易开闭，人们可以根据需要随时饮用。

如果只是如此，直接把家里的水和茶装进塑料瓶不就可以了？但吸引人们的还有"来自××的纯天然水""萃取鲜茶叶精华""××老茶园的味道"等附加价值。经过岁月的沉淀，一款经典终于形成。

近年来，普通的水已经无法满足人们的需求，各家公司纷纷推出了果味水和苏打水等。这么说来，大约15年前，我和某饮料公司的熟人闲聊时也曾提议做一款带味道的水，却被当场驳回。

不过当时确实也是人们刚刚能在商店买到瓶装矿泉水的时候。从日本各地的名水，到国外的矿泉水，再到国外各种水，如今在餐厅也能喝到国外的苏打水……今天，水的种类已经非常丰富，"有味道的水"终于有了适宜扎根的土壤。

如果重组已有的事物是长期流行的秘诀，想创造经典商品，找到"理所当然却并不存在的事物"才是关键。

例如，如果 iPhone 出现在随身听、电脑和手机之前会怎样？就算让我们"点一下图标"，大概也没人知道如何操作，产品恐怕也卖不出去。

可以随时随地打电话、上网、听音乐，下载应用程序实现更多操作，在消费者对这种终端设备的需求日益迫切的时候，iPhone 出现了。它不仅满足了消费者的需求，而且首创无按键设计，把手机推向了一个新时代。

所以，想创造经典，就必须认真地重新审视已有的东西，这一点非常重要。相反，如果一切都从零开始，创造经典无异于赌博。

然而，寻找"理所当然却并不存在的事物"并不简单。如果做出的是当下已经存在的东西，那就完全没有意义。

创造经典，就是思考如何在当下做出在未来看来理所当然的东西。万圣节现在这么火爆，可能因为它就是如此。日本是一片适合外来事物生长的土地。对日本人来说，元旦新年和盂兰盆节是两大重要节日，而情人节和圣诞节也是全民盛事。

可是在众多节日和活动中，没有哪个可以让人们单纯地狂欢。

过去可能还有一些地方上的庆典活动比较类似，但那些活动并不适合城市生活。当然，究其根源，万圣节本不是一个以变装和狂欢为目的的节日。但在原宿时尚和 cosplay（角色扮演）文化根深蒂固的日本，万圣节已经从原本只有少数人参与的变装活动，变成了能让更多人尽情享受的节日。

所谓"容错率高"是指产品力量足够强大，即使为了迎合时代做出改变，但本质始终如一，换句话说就是"灵活且坚定"。

比如经典牛仔裤李维斯 501，现在我们见到的这款牛仔裤和 1890 年诞生之初的版型不同。最开始的李维斯 501 没有皮带孔，随着时代变迁，结合当时的流行，李维斯 501 也在不断改变版型。虽然根据时代流行和所需功能不断微调，但 501 始终是 501，这一点是不变的。

这一点对产品的质量和理念等方面都有着极高的要求。如果改变某个部分就会变成全然不同的东西，那这个产品就无法成为长久的经典。

即便需要迎合时代稍加改变，本质部分始终要坚定不动摇。能够包容变化是一个经典商品的必备素质。

多角度观察的重要性

　　在本章，我从自己的角度分析了成为经典的条件。是不是只要满足了这些条件，就一定能创造出畅销的经典商品？事情当然没这么简单。

　　从我的设计专业角度来看，想让一个经典商品畅销，最后一个要点就是塑造品牌力量。

　　在第一章中我们说过，销售经典商品有多么困难。为了销售那些较为朴素的经典商品，就需要更加努力向消费者传达商品的优点。

　　我认为品牌打造就是把控产品形象。为了让经典商品畅销，必须通过整个品牌向更多的人宣传为什么这件商品能成为经典。

　　为了做到这一点，我们必须贯彻多角度观察的原则。

　　从品牌的观点来看，创造经典最重要的是让尽可能多的人想拥有它。极端一点来说就是，必须让男女老少都认为"这件商品就是为我量身打造的"。

　　要时常注意多角度观察，思考怎样让这个商品无论在谁看来都是一件好产品。

比如生产一款杯子，这样的设计方便饮用吗？这个大小无论男女都好拿吗？小孩用的话，这个大小可以吗？从洗杯子的人的角度来看，它是否方便清洗？作为礼物的话，送礼物的人会选择它吗？……多角度观察，是创造所有人都喜欢的商品的一条捷径。

在此基础上，把控品牌形象是通过各种因素共同实现的，包括产品设计、包装设计、与消费者在实体店中的交流，甚至在网络上发表言论或接受采访时的措辞等。通过无数微小的努力和积累，才能塑造一个品牌。

在努力做到这些的同时，创造畅销商品还有一个不可或缺的要素，那就是为畅销"建立机制"。

无论多么好的创意、多么出色的产品，如果不能为畅销确保一定的机制，就无法达到畅销的目的。

找到能满足我们对产品细节的要求，帮助我们实现生产目标的工厂，并与之建立可信赖的合作关系，就能建立一个稳定的生产体制。此外，还要考虑销售渠道，以建立流通机制。

如果不建立战略性机制，畅销的经典商品就无法成为现实。

在接下来的章节中，我们将逐一说明这些问题。

第四章

如何创造出经典的"造型"

铃木启太

创造经典设计需要怎样的思考过程

如今，很多人都在寻求可以成为社会"标准"（经典）的事物。

我的设计事务所"产品设计中心"承接的产品类别非常广泛，有杯子等生活用品，也有智能手机、相机、家电，甚至还有铁路车辆。这些来自不同行业的人几乎有着同样的诉求："我想要一款能成为后世之标准的产品。"

直到不久前，日本社会都还有这样一种风气：人们总是期待设计师能设计出"标新立异之作"，似乎坚信美丽的设计能改变世界。然而，人们期待的未来最终并未到来。

设计热潮中，很多所谓"设计师款××"的产品不断涌现，但大多如烟花般转瞬即逝。一旦产品滞销，生产商就试图用新鲜感吸引消费者，不断开发新产品，新的、更新的……开发竞争完全看不到尽头。每个人似乎都很着急。

这是过去五年间的情况。但最近我观察到，人们好像在从寻求新鲜事物转向探求不变的东西。

我觉得现在社会正朝着非常好的方向发展。人们越来越爱惜物品，想买到自己真正喜欢的东西然后长期使用，开始享受适宜且舒心、不攀比不强求的生活。

时代的风向在改变，生产商也马上有了动作。他们开始意识到，认真做出能成为经典的产品是何等重要。

那么，究竟如何才能做出可以成为行业标杆的产品？

我们在第二章说过伊姆斯椅。1984年时赫曼米勒完善了它的生产机制并开始大批量生产，伊姆斯椅迅速传遍了全世界，至今已畅销六十多年。

伊姆斯椅被称为世界上普及范围最广的椅子，想必很多人都觉得它是永恒不变、适用性强的出色设计，但其实伊姆斯椅的设计一直在变化。也正是因为不断更新，伊姆斯椅才能成为传世经典。

六十年间，人们的居住环境、工作方式，甚至人体形态都发生了变化。现代的人和社会对椅子的需求也与六十年前不同。仔细观察就会发现，伊姆斯椅从未停止品质改良。

改良椅子脚的用材，让它变得更加坚实且不易划伤地板；更换椅座的用材，使之对自然环境更加友好……生产商结合不同用材和加工方法，不断做出最舒适的椅子。

无论何时，伊姆斯椅始终保持更新。因此它没有变成美丽的古董，而是作为经典椅子一直发挥着作用。

像伊姆斯椅一样，与时俱进地改良产品性能、尺寸和用材，可以说是变成长久经典的有效方法之一。它不仅可以用来传承经典，还可以用来创造新的经典。

经典商品是悠久历史的结晶。现有的经典经过时间的打磨，变得越发迷人。保留精华，去除糟粕，伊姆斯椅是如此，多莱斯的玻璃杯也是如此。

所以，想创造能成为经典的产品，我们必须向现有的经典学习。通过审视现有的标准，观察它的形式或功能，就能发现一件产品所必须具备的东西。

在此基础上，我们可以结合现代社会需求，增加必要功能（或者省去不必要的功能）。针对日本市场，根据日本人的喜好做调整，或者响应时代诉求，使用环保材料等等。思考这些问题，然后一步步将其落实为新的"造型"。我认为只有这样做，未来的经典才能够诞生。

流传至今的经典产品可以让人们看到一个领域的高水准。创造新产品时，我们有必要仔细研究这些经典，在明确怎样做是好的以后再开始动手。

我在第三章中讲到的我们为 THE 做产品时的关键词"把握过去"，表达的恰好就是这个意思。

前面几章介绍的方法可以应用于各种项目，我们实际上也用这种方法做出了很多产品。我们要做的是自己发自内心认可的产品，而不是勉强为之、敷衍了事，因此必须重视学习经典这件事。

在这一章中，我们将详细解说为 THE 设计产品时所遵循的流程。

能否超越龟甲万
——THE 酱油瓶

"怎么就没有一个好用的酱油瓶？"这是 THE 团队成员的共同声音，于是我们决定开发一款 THE 酱油瓶。

"外形倒是很漂亮，但就是容易洒酱油。"

"虽然不洒酱油，但是看不到里面，不太好用。"

THE 的产品开发，有时就是从大家生活中的抱怨开始的。

说起酱油瓶中的经典，大家应该都会想到龟甲万的餐桌用酱油瓶。它于 1961 年问世，被誉为名垂日本设计史的佳作。

龟甲万酱油瓶由 GK 工业设计研究所（日本 GK 集团）创始人、日本工业设计之父荣久庵宪司设计。以成田特快为首的铁路车辆，以及东京都的银杏标志等，也都出自荣久庵先生之手。遗憾的是，先生已于 2015 年与世长辞。

随着"二战"后日本经济高速增长，龟甲万酱油瓶也成了当时人们餐桌上的一道风景。究其原因，肯定离不开它的集大成——好拿、好倒、结实，最重要的是不洒酱油。虽然后来又出现了各种"设计"款酱油瓶，但我认为没有一个能超越龟甲万。

龟甲万餐桌用酱油瓶

但是，这款酱油瓶有一些地方我们能在现代加以改进。

龟甲万酱油瓶的设计理念是买回来就可以直接放在餐桌上使用，所以设计中融入了产品包装元素，如醒目的商标、详细的商品信息等，而这些都是餐桌上不需要的东西。

并且，从产品的思想层面来看，一个五十年来始终保持不变的瓶子，有些地方应该已经不适用于现代社会了。所以我想也许可以从这个角度出发，改良经典的龟甲万餐桌用酱油瓶。

究竟如何改造一个畅销五十年之久的知名设计？第一步无疑是把它认真研究清楚，在自由讨论中寻找创意的火种。于是我们发现了一些值得注意的地方。

第一点是它的容量。

这五十年里，我们的饮食习惯发生了变化，餐桌上面包与西餐频频出现，日本传统饮食减少，导致酱油的使用频率变低。而且，如今人们对食物的要求已经从"吃得饱"变为"吃得好"，对调味料的储存要求也更加细致。目前市场上已经出现了以不会氧化为卖点的酱油。

在这个事事挑剔苛求的年代，龟甲万酱油瓶着实太大了。在问世之初，它的大小与人们的生活非常契合，然而在现代，同样容量的酱油在用完前就已经氧化了。因此我觉得，THE 酱油瓶必须足够小，以保证人们在酱油氧化前就能把它用完。在我的预想中，瓶子差不多是刚好可以放进冰箱的鸡蛋收纳盒的大小。

第二点是颜色和材质。

众所周知，龟甲万酱油瓶有一个醒目的红色塑料盖子。这个红色盖子有两个作用，并且都非常成功。一是功能性设计，使它与其他调味品和酱油区别开来；二是品牌设计，以加深消费者对龟甲万的红色印象。

但在现代的餐桌上，红色让人感觉有些陈旧，塑料这种材质也会降低整个餐桌的品质感。

当代社会崇尚朴素之美。桌子以纯色原木桌为最美，在设计拍卖会上，美国家具设计师中岛乔治的原木桌子大受欢迎。陶土和木质餐具逐渐成为主流，有"世界第一餐厅"美称的丹麦 Noma 餐厅采用无釉陶器为客人呈上料理。刀叉用具也从不锈钢逐渐回归为简单的银制产品。

如今的有机食品热也是如此。在食品领域中，人们越来越关注原材料的品质。

在这样的时代背景下，把一件彩色的塑料制品拿上餐桌，实在不是一件赏心悦目的事。而且红色与酱油的颜色属于同色系，人们难以发现瓶盖上的酱油污渍，所以卫生方面也让人略有担忧。

通过这些观察与思考，从功能和时代背景的角度出发，我认为酱油瓶的瓶身和瓶盖部分都应该采用漂亮的玻璃来制作。这样既美观又透光，可以从任何角度确认酱油的新鲜度，让人放心。

第三点，是一个酱油瓶最核心、最关键的点，也是最需要设计者认真思考的点，就是如何做到不洒。

其实这也是后来的酱油瓶无法超越龟甲万的主要原因之一。不洒酱油是一个酱油瓶必须具备的功能，而这种精准的设计最能打动人心。

首先，我们收集了所有市售的玻璃酱油瓶，大概有四十种，然后一个个试用。

观察了所有的酱油瓶，我们发现，易洒的瓶子和不易洒的瓶子的最大区别在于瓶嘴的造型，这与瓶嘴（最前端）是否成"点"有关。如果瓶嘴不是一个点，而是面积较大的广口，倾倒时酱油就会大股流出，必然会把酱油洒出来。

还有一点是，洒酱油其实会发生两次。第一次发生在倒酱油时，第二次则发生在倒完酱油把倾斜的酱油瓶摆正时。残留在瓶嘴最前端的酱油能否顺利回流到瓶子中，也是实现不洒酱油的关键。

刚才所说的瓶嘴是否成"点"主要影响的是第一次洒漏，而实际上大多数酱油瓶生产商也只注意到了这一点。酱油倒出来的时候瓶嘴需要成"点"，而流回去的时候则需要一个"面"来承接它，可惜很多产品都没能实现这项功能。

说起来好像很简单，然而到目前为止，很多酱油瓶生产商可能根本就不知道这两点。其实只要认真观察已有的产品，就能很容易发现这些问题。

为了同时满足这两个条件，我们制作 THE 酱油瓶的盖子时确实费了一番功夫。它的盖子内侧有两个山字形凹槽，凹槽的宽度向瓶嘴方向逐渐变窄，最终变成一个点。

反过来看，凹槽则逐渐变宽，稍微倾斜瓶身便可以使酱油顺利流回瓶中。此处的设计至关重要。

形象地说，就是让瓶盖而非瓶身成为酱油的接收器。借助表面张力使酱油从瓶中流出，酱油回流时原理也一样。龟甲万酱油瓶不是容器和瓶盖的结合，而是在塑料瓶盖上打孔，直接把这个孔当作

THE酱油瓶

瓶嘴。THE 酱油瓶和龟甲万酱油瓶的外形虽然非常相似，设计理念
却完全不同。

　　实际上，要在保持精度的情况下做出这样的玻璃瓶盖，从成本
和技术层面来看很难实现，第五章中米津先生也会详细介绍这一点。
也许就是因为如此，多年来酱油瓶的盖子才几乎没怎么变过。

　　除此之外，我们还尝试改良了瓶底，实现了龟甲万酱油瓶没有
的新设计。我们充分利用水晶玻璃的特性，将瓶底做得尽可能厚，
使瓶底变得更重，一来可以防止瓶子翻倒，二来可以为其增加抓
握感。

我们需要把这些造型制成模型，然后仔细检验其重量和造型之间的平衡。这种模型在产品设计中叫作"实物模型"，它的精度将直接影响最终的产品质量。

如上所述，设计的重点并不是设计师个人的主观意识和内心想法。观察万众认可的经典产品龟甲万酱油瓶，从中找到人们的真实诉求，然后去思考、研究怎样解决问题，这样才能做出好产品。

其实龟甲万酱油瓶的造型可追溯至 19 世纪英国著名陶瓷品牌韦奇伍德的一款花瓶，以方便倒水且不易翻倒而受人喜爱。追求功能性设计，不刻意去模仿某个已有的原型，就有可能创造某种经典形式。由此可见，THE 酱油瓶或许可以成为一个实现"倒（水）"功能的经典造型。

哪些需要改变，哪些需要保留，我认为拥有这种分辨能力是创造经典的秘诀之一。

取代包豪斯成为新的杰作
——THE STACKING STOOL

接下来要介绍的是"THE STACKING STOOL"（THE 可叠放凳子）。

凳子是无靠背坐具的总称。很久以前有人以树桩为座，这可能就是最原始的椅子形式之一。

凳子与椅子的最大不同在于它们的用途。凳子没有椅背，整体形状为箱形，除了用来坐以外还有很多其他用途：可以当作简易桌子放置物品，可以当作梯子，也可以用于收纳物品……虽然制作简单，但用途繁多，凳子是一件非常方便的家具。

凳子历史悠久，也有很多人们交口称誉的经典之作，乌尔姆凳就是其中之一。使用最少的材料，实现最多的功能，这是乌尔姆凳被称作经典的原因。

乌尔姆凳是一款为学生设计的工具，由瑞士设计师马克斯·比尔设计制作，他也是秉承包豪斯风格的乌尔姆设计学院的第一任校长。

包豪斯是 1919 年创立于德国的艺术和建筑学校，推崇理性主义和功能主义，为现代设计打造了基石。

乌尔姆凳以包豪斯风格为思想基础，是一款超理性主义概念的凳子。它由三块木板拼接成 U 字形，一根圆形木棒支撑在两块平行木板之间，以增强木凳的强度。

另外，这款凳子最主要的着眼点是在学校这个特定的场所使用。把凳子倒过来，原为凳座的那面木板就可以用来放置物品，而木棒刚好能当作提手。这大概是为了方便学生搬运课本和工具特意设计的。

乌尔姆凳的材质和制造方法也很巧妙。凳子通体由轻质木材制成，底端添加被称作"防翘"的硬木。防翘的纹路与凳子主体木材的纹路垂直，这样可以防止木材因常年使用而出现翘边或剥离。

THE STACKING STOOL（左）与乌尔姆凳（右）

三块主体木板采用"指接榫"（finger joint）的方式拼接，结构如十指紧扣般坚固，所以使用时也不用太小心翼翼。这样保管凳子时肯定会轻松很多。

简约实用、性能绝佳的乌尔姆凳如今已广泛使用于各种办公场所和普通家庭中。虽说这是一件好事，但这也意味着最初"校园特供"的设计会出现漏洞。于是我们想到，如果充分利用乌尔姆凳的设计和结构优势，经过一定的改良，让它的性能更适于办公和家庭环境，能否做出一款更符合现代理念的凳子？

我们主要做了三件事。

一是让凳子变得可以叠放。

马克斯·比尔设计的乌尔姆凳质朴雅观、便于使用，但在家庭生活和办公场所，有一个问题就会变得很明显：它无法被堆叠收纳。

乌尔姆凳比较重视便携这一功能，所以其结构中起提手作用的木棒被做成了直径 26 毫米的细圆柱。如果就这样把凳子叠放起来，肯定很不稳定，也无法达到收纳效果。

我和水野先生都是乌尔姆凳的用户，现在手头上就有好几把，并且我们俩都有同样的想法。我们毕竟不会每时每刻都使用这款凳子，所以不用的时候尽量不想让它占用空间。而乌尔姆凳只能并列放置，无法叠放。

在办公和居住面积并不宽绰的日本，家具也要足够智能。我们能根据不同需求自由调整桌面大小（可扩展桌面），椅子不用的时候也可以被堆放起来。现在甚至有了"可叠放椅子"这个商品分类。方便收纳是当代家具的一项重要功能。

于是我们把"可叠放"直接写进了商品名（商品名最好取得直截了当。大多数经典商品之所以能够畅销，很大一部分原因就是商品名直观易懂）。

而且，叠放也不是简单的叠放，我们在这里也加入了一些想法。

日本是地震多发国家，防止家具倾倒的技术和创意非常成熟。比如电视，通过添加"倾倒角"的设计，电视在地震的摇晃中就更不易倒下了。

于是我们设计这款凳子时也研究了它的叠放方式，考虑怎样放才更能经得住地震时的摇晃。叠放时，让上下两个凳子呈 90 度角相互垂直，两个凳子就能紧紧咬合在一起，凳子堆便十分牢固。我们还调整了用来实现叠放功能的木板的高度，堆叠的凳子之间没有任何间隙，看起来如同一根方形柱子，让收纳变得更加美观。如此完美的可叠放凳子，应该是前所未有的。

二是改良尺寸。

乌尔姆凳的高度为 440 毫米，THE STACKING STOOL 则调

整到了 420 毫米。仅仅相差 20 毫米，凳子的使用感却发生了巨大的变化。

一些海外的知名家具品牌将产自欧美的椅子销往日本时，会特意把椅子腿改短，因为亚洲人和欧美人本身体型就不同。调整其尺寸至最适合该地域人群的大小，才能让它成为一把无论在哪里都符合标准的椅子。

而且日本人在房间里有不穿鞋的习惯，为了更契合日本人的生活，我们还需要把椅子做得更矮。之前提到的伊姆斯椅等很多知名家具产品都做了类似的改造。

THE 的产品在尺寸方面颇为考究，尽量与当今世界上的标准模数相匹配，算是一个品牌特色。

所谓模数，以纸张为例就是 A4、B5 等规格。采用这些通用的规格，凳子就能非常完美地收纳书籍和文件，不会露出多余部分。

我认为在制作经典时，像这样从尺寸的角度出发重新审视并改良设计，是非常重要的。THE STACKING STOOL 的高度为 420 毫米，相当于 A3 纸的长边。也就是说，这款凳子的高度为 A3，宽度为 A4。

三是改良用材。

乌尔姆凳的主要用材是云杉，加强部件用的是山毛榉。云杉在西伯利亚种植广泛，在欧洲很便宜，是木制品的常用材料。之所以使用这种材料，应该也是出于成本考虑。

然而我们今天看来，这种木材算不上一种好材料。它的木纤维结构不够紧实，所以特别脆弱，容易被刮伤，洒上饮料也容易留下污渍。如果是学校的公用物品勉强还可以接受，但如果作为个人物品，不耐脏、易损伤的凳子绝对不是一把好凳子。鉴于此，我们选择用橡木制作 THE STACKING STOOL。这是一种在现代室内装饰材料中堪称经典的硬质木材，因被京都凯悦酒店采用，在日本变得很受欢迎。橡木制品端庄优雅，特别有"和"（日本）的韵味。

所有的细节都有理由。尤其是经典产品，每一处细节都有它的理由。THE 团队开发产品时，无论多么小的细节，大家都会问依据是什么，再由大家一起讨论决定。

牙刷为什么不能站立
——THE TOOTHBRUSH

现在说一说大家每天都使用的牙刷。牙刷的历史很悠久。据说，13 世纪的中国就已经开始使用在牛角上植入马毛制成的早期牙刷了。早期牙刷与现代牙刷在外形和构造上没有太大差别。

牙刷的"工业革命"发生在 1938 年。美国杜邦公司制造了世界上第一把尼龙牙刷，因为价格便宜，很快便普及到全世界。今天在便利店和超市都能买到的尼龙手动牙刷的历史就从这里开始。

最近几年，使用电动牙刷的人越来越多。电动牙刷最初是为残障人士设计的，由美国于 1961 年开发。大概从 2000 年起，随着人们健康意识增强，电动牙刷在世界上的普及率逐渐上升。

通过研究牙刷的发展历史，我们有了很多新发现。为了创造经典，对于几百年来几乎没有明显变化的牙刷，我们也发现了一些必须改造的要点。THE TOOTHBRUSH 的研发工作由此展开。

如何打造一款经典牙刷？我们想到了三个要点。

第一，可站立。

随着电动牙刷普及，牙刷也能站立起来了，这是人们过去很少见的全新景象。不过，说电动牙刷"能够"站立，倒不如说是它的构造导致它不得不站立。电动牙刷手柄的位置安装了马达和蓄电池，变得又粗又重，结果牙刷有了"站立"的新功能。

以前人们也都将普通牙刷竖立放置，很多人把牙刷放在刷牙杯里。最近那种专门的牙刷架好像也很畅销。

为什么要把牙刷立起来？因为这样方便控水，使牙刷可以更快

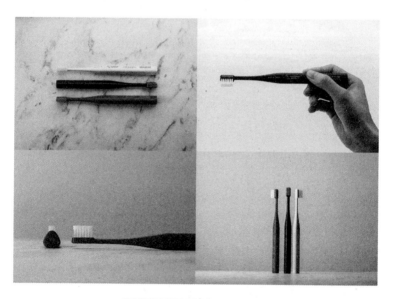

THE TOOTHBRUSH by MISOKA

恢复干燥以保持卫生，还能为洗脸池节省空间。

不过即便如此，市面上却没有一款可站立的普通牙刷。我们只找到了那种底部带吸盘的儿童牙刷。于是我想，能不能把"可站立"作为一款经典牙刷的必备条件？

然而，通过制作模型我们发现，让牙刷独自站立并不容易。垂直放置的牙刷显然很难稳定。于是我们想到了一个办法：在牙刷手柄底部装一个10克的重物，就像电动牙刷的马达，增加手柄的重量。

第二，把手柄做成三角形。

如前所述，牙刷的外形自古以来就没有太大变化。最早的牙刷非常简单，就是把刷毛植在木板上，其基本构造和现代牙刷相差无几。虽然现在很多厂家在手柄上做足了文章，但基本还是以板状为主。

牙刷是否该摆脱这个"板"了？是否可以把手柄做成更方便人们抓握的形状？通过不断思考我想到，也许可以把手柄做成三角形柱体。

如果牙刷手柄是三角形，手持牙刷就能像握铅笔一样轻松。在国外，儿童用的铅笔和钢笔通常是三角形的，三角形的筷子也很常见。

除了方便抓握，三角形还有一个好处就是不易滚动。这样，牙刷就可以从"板"上解放出来了。

人们喜欢把牙刷竖着放，是因为刷头背面是一个板状平面，即便刷毛朝上，刷头背面也会接触到其他物品，让人感觉不卫生。既然如此，把手柄部分做成不易滚动的三角形柱体的话，刷头部分就能悬空，即便横放，刷头也不会接触到桌面，人们担心的卫生问题也就迎刃而解了。

第三，可以不使用牙膏。

用牙膏刷牙看似理所当然，但我们的合作品牌"MISOKA"拥有的纳米矿物涂层技术，却让我们对这件事有了不同看法。这种技术可以让牙刷在不用牙膏的情况下，只用水就把牙渍清理干净，还能涂上涂层，让牙齿不易沾染新的污渍。

在电动牙刷不断普及的今天，这种先进技术帮助传统牙刷成功实现了进化。我想，一把不用牙膏就能让牙齿变干净的牙刷，一定可以成为新的经典。

过去的发现"身度尺"(身体尺)
——THE 饭茶碗

本书多次提到 THE 饭茶碗这个例子。从产品设计的角度来讲，"尺寸的处理"最为关键。

虽然之前已经说过很多遍，但在这里我想再强调一下，从已有的东西中准确地发掘出社会需求，这一点在制作经典时非常重要。碗在人类历史中已经存在了几百年，时至今日，想把它的造型做一个颠覆性改变似乎也没什么意义。我想我们应该这样开展产品开发工作：先调查什么才是理想的形态，然后重新整理信息以完成新的产品。

接下来，我们像往常一样，尽可能多地收集了市面上的饭茶碗，然后一个个验证。事物的形态反映了制作者的想法，在不断的接触和试用过程中，我发现了很多秘密："这里的重心能让碗更好拿""原来这种弧度会让嘴的触感更加舒适"等等。

我们接触的东西越多，先人的智慧和思想也就积累得越多。如果我们学会梳理这些信息，取长弃短，就能做出几乎没有缺陷、自然而合乎常理的产品。

经过反复观察和探索，最终我们决定以日本人的手的尺寸为标准来设计碗的造型。

有一个概念叫作"身度尺"（身体尺）。它是一种以人的身体比例为丈量单位的度量法。日本的碗自古以来就是以这种尺寸为标准制作的。身度尺是先人智慧的体现，配合身体的尺寸和动作制作出来的工具，自然更加方便人类使用。

法国现代主义建筑大师勒·柯布西耶提出了一套被称作"模度"（Modulor）的人体比例测量体系，并以此为基准设计住宅。身度尺虽源于先人的智慧，但今天依然在发光发热，为制作方便人们使用的事物提供依据。

出于工作原因，有段时间我经常去不丹，和当地人一起工作。他们没有设计图纸的概念，建房子也都是用胳膊丈量。这种做法虽然与现代建筑相去甚远，但也不能说是错的。

以普通日本人的手为例，双手的拇指和食指围成一个圆，这个圆形的直径大约为 12 厘米（图①）。在制作饭茶碗时，就可以把碗的直径做成 12 厘米，高度则做成碗直径的二分之一，也就是 6 厘米（图②）。这个高度和掌心向里竖起大拇指时的高度差不多，一只手就能正好把碗稳稳握住。这是普通日本人使用起来最舒适的尺寸。

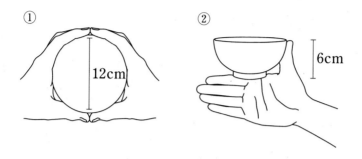

通过调查日本人的手的平均大小算出一个合适的饭茶碗尺寸，这种思路和身度尺的原理不谋而合。

我带着饭茶碗的设计图纸来到各个产地，却有了一个惊人的发现。每个地方的工匠都表示，很久以前就在做直径四寸（约 12 厘米）的碗了。古时候，这种碗又叫作"鞠"（球）。这是因为把两个碗扣在一起会得到一个球体。并且人们很早以前就知道如果把两个品质上乘的碗扣合起来，形成的球体的直径即为四寸。

然而仔细询问后，我发现工匠师傅们并不清楚四寸的由来，大家都表示："不知道为什么历来都要用这个尺寸。"但近年来，由于人们过度关注那些新式设计，这个尺寸的碗也渐渐变少了。

有趣的是，我们经过反复验证才得出的结论，在江户时代就已经存在了。一个碗的最基础的设计，今天却消失在让人眼花缭乱的装饰性设计之中。但如果从实用层面上看，有些东西自古以来就从未改变。历史已经证明了它的价值。

从这个意义上来说，碗也许已经臻于完美了。在经历了无数次发明创新和淘汰后，人类使用的工具终究都有它最合适的尺寸。

或许可以说，这种不断验证、不断发现的过程本身就是设计。

其他产品也是如此。比如智能手机。过去五年左右，人们不停摸索，终于发现了最适合手掌大小的手机尺寸。现在的手机屏幕似乎被越做越大，但如果忽视了这一因素，做出的手机必然无法成为经久不衰的经典产品。

究竟什么才是最理想的尺寸？希望大家在调研时，能从 THE 饭茶碗的设计故事中获得一些灵感。

"不设计"的设计
——THE 木碗 / 大木碗

　　制作饭碗时，机缘巧合我们恰好从过去采集到了"THE 经典"，但"THE 木碗"和"THE 大木碗"则是有意为之。这里的"有意为之"是指故意不设计。实际上我们也确实几乎什么都没做。

　　木碗的大小种类出乎意料地多，很难设定一个统一标准。最终我们决定为这两种碗寻找属于 THE 的产品：一个是在家里用来盛味噌汤的普通木碗，另一个是在宴会酒席中用来装炖菜的大木碗。

　　"普通木碗"，与字面意思一样，普通就是我们的目标。老规矩，我们搜集了一百多个木碗，然后一个个观察、分析，以找到心中最理想的木碗形态。

　　当时桌子上摆着一百多个木碗，我和水野先生、中川先生三个人一起观察，规定时间是三十分钟，到时间后三个人同时指出自己最看好的那个，结果我们三人居然指向了同一个碗。现在的 THE 木碗就是在这个碗的基础上稍加调整做出来的。

再说说大木碗。从使用方面来说，历史上的一些名作已经足够优秀，甚至可以直接拿来做 THE 的产品。我们选择的是艺术大师北大路鲁山人的作品——"日月碗"。

日月碗诞生于 1925 年，由北大路鲁山人和加贺的山中涂[①]大师辻石斋的二代继承人共同制作而成。它采用的是将和纸贴在碗胎上再涂漆的"一闲张"[②]技法，金箔和银箔则分别代表太阳和月亮。

日月碗的外形非常独特，碗盖的线条优美，十分引人注目。我们原本考虑是否可以直接沿用日月碗，但金箔银箔的装饰性过强，不太适合家庭使用。于是我们把颜色换成了普通的红色和黑色，最后做成了 THE 大木碗。

日月碗出自鲁山人和辻石斋二代继承人之手，如今辻石斋已经传到第五代，我带着自己的想法战战兢兢地去请求大师，很快便取得了同意。

当时第五代辻石斋先生说的一番话给我留下了很深的印象："必须与时俱进，不断改变。既然大家现在不需要金箔银箔，我想这就是一个信号。就那么办吧。"

---

① 日本传统漆器之一，以技艺精美、品质突出而闻名。
② 日本传统漆器制作技法，由浙江杭州的匠人飞来一闲在江户初期传入日本。

THE大木碗和THE木碗

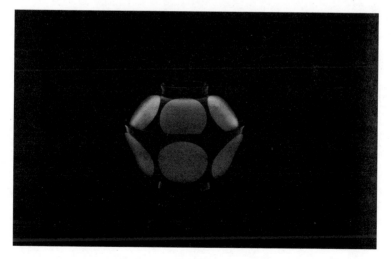

日月碗

就这样，借日月碗之造型，改良其图案，THE 大木碗由此诞生。虽然我们完全没有创新产品的形态和图案等设计，但在态度和用心程度上并没有丝毫怠慢。我们对 THE 的每件产品都倾注了最大努力。

第五章
创造经典的产品管理

米津雄介

在前几章中，我们介绍了要让一个商品成为经典需要具备什么条件，以及设计产品时应该如何制作和整合产品形态。在第三章我们也顺带提到过，要创造出这样一件商品并让世人知晓，需要跨越非常多的难关。

在本章中，我将以 THE 的实际商品开发过程和流通工作为例，向大家介绍经典商品的创作方法。如果说之前的"成为经典的条件是什么？"是理论篇，本章则是产品制造的实践篇。

在 THE 的开发团队中，我负责产品管理，是策划、设计、制造、销售、售后服务等与商品和服务相关的所有工作之间的桥梁。从产品构思阶段到走进顾客生活，再变成受人喜爱的经典，把这一整条通道打通并争取最好的结果，是我的责任和义务。

要开发一件 THE 商品，需要考虑的因素数不胜数，但我认为以下四点绝对不容忽视。

　　① 信息收集；

　　② 生产技术；

　　③ 生产成本；

　　④ 与厂商合作。

接下来我会以这四个要素为中心，结合实例，向大家介绍推进工作与解决问题的方法。

① 信息收集
一切源于一个疑问："说到底它是什么"
　　——THE 洗衣液

　　在前面的章节中我们反复提到，彻底剖析一个事物的内在价值或社会意义，是所有 THE 商品开发的起点。所以开发一个产品之前，我们会全方位调查该领域的所有相关信息。

　　例如我们曾经策划的经典洗衣液——THE 洗衣液。策划会议上，我们提出了许多根本问题："所谓洗衣服，究竟是一种怎样的行为？""洗衣液到底是什么？"

　　我是个户外运动爱好者，几乎每个假日都在户外度过。为了减少行李，我有时会在野外洗衣服。但如果使用洗涤剂，总觉得对环境不太友好，所以我一般直接用清水洗。但其实就我的经验来看，只要用水仔细清洗，就算不用洗涤剂也能去除大部分污渍。于是我产生了一个疑问：洗衣液最重要的作用，是否就是缩短去除污渍的时间？

　　后来我去拜访了神奈川县茅崎市的 Ganko 本铺的木村社长，他之后参与了我们的 THE 洗衣液开发项目。木村社长有一段比较特殊的经历。他原本是一名登山运动员，退役后为了保护河流和海洋，独自开始研发洗涤剂。百洁布"Ganko Cross"和洗衣液"致大海"等热门商品，都出自木村社长之手。

我问木村社长，洗涤剂真的是必需品吗？它会对环境造成怎样的影响？表面活性剂是什么？肥皂是什么？……面对我执着的追问，木村社长给出了条理极其清晰的回答。

虽然清水也能洗去污垢，但也会因此浪费大量水；角度不同，对环境的影响也会有不一样的看法；表面活性剂、肥皂的原理等。

THE洗衣液

目前市面上的洗衣液大多含有表面活性剂。大多数人认为表面活性剂是有害物质，因为它对生态系统有影响。相比之下，洗衣皂成分简单，似乎比洗衣液好一些。

而实际上，欧美国家并没有像日本一样把肥皂和合成洗衣液单独分类，肥皂也被归为表面活性剂。

世人认为"有害"的表面活性剂，简单来说就是一种能同时溶于水和油脂的物质。这种特性使水和油脂更容易混合，这样就能让污垢溶于水，以达到去污的目的。此外，表面活性剂还可以直接分解被清除的污垢。

经过漫长的微生物降解期，被分解的污垢最终变为水和二氧化碳，这种自然降解过程又叫作生物降解。污水排入河川和海洋后，在彻底完成生物降解之前，毋庸置疑会对生态系统造成负面影响，例如妨害鱼的呼吸。

再来看肥皂，它有保湿、生产能耗低等优点。其缺点是易与水中的矿物离子发生反应，这就会令表面活性成分功效减退。为保证洗涤效果，只能加大使用量。

肥皂与水中的矿物质发生反应后，会产生一种叫作硬脂酸钙（或镁、铁、铜、锌等金属离子）或肥皂渣的白色浑浊。这种浑浊物不溶于水，最终会变成污泥。如果能有效地回收利用污泥，也可以变废为宝成为资源。但在自然环境中，它却会给河川、湖底和海底那些不怎么移动的生物带来致命的生存危机。

但为什么肥皂给人的印象并不差？这是因为一些国家建立了完善的污泥回收系统。在这些国家，使用肥皂而产生的垃圾会被妥善处理，所以肥皂便不再是问题。但在日本，这样的处理设备并不多，如果大家都用肥皂洗衣服，就会积存大量的污泥，进一步污染水质。

这么看，就不能一概而论地说肥皂比表面活性剂更环保了。倒不如说在日本使用表面活性剂才是正确选择。于是，如何尽可能减少洗涤剂的使用量和提高生物降解的速度，就成了我们需要重点关注的问题。

不出所料，在 THE 的策划会上，"表面活性剂真的有害吗？""那个传言属实吗？""吃了会怎么样？"诸如此类的问题层出不穷。随后我们就这些问题展开了大量的调查和讨论：该使用哪种表面活性剂？配比怎么定？对自然环境会产生哪些影响？清洁效果如何？洗涤剂的清洁力度是否越强越好？……

最终，比起清洁力度，我们选择把重点放在洗涤剂的可使用范围上。通过 Ganko 本铺的纳米技术，我们实现了仅用一款洗涤剂，即可完成对丝绸、羊毛、羽绒、戈尔特斯防水面料等所有材料的洗涤。我认为这样的洗涤剂才更适合被称作经典。

另外，我们还把表面活性剂的使用量降到了最低。同样利用纳米技术，提高了污水生物降解的速度，24 小时内就能把 94% 的成分分解为水和二氧化碳。这种对环境的友好态度，我认为也是一款传世经典应具备的素质。

在第一章中水野先生说过，日本的"造物信仰"根深蒂固，企业似乎有一种"只要做出好的东西就肯定畅销"的信念。

然而在当今社会，市面上不断涌现的新商品好像都误解了"好"的定义。提高产品的性能、增加附加功能，可人们真的需要这些东西吗？即便延续以往的"好"，并将其无限精进，这样恐怕也难以做出未来人们真正所需要的产品。

我们之所以创立 THE 这个品牌，并不是要做"好东西"，而是要做"正确的东西"。

何为"正确"？为了解决这个疑问，我们必须要弄清楚一件商品的本质，也就是"说到底它是什么"，并对其展开彻底的调查和研究。

当我们探究何为正确时，会发现很多时候正确的方向也在不断变化。发现它，也就找到了制作新经典的线索。

通过解读历史发现的东西
——THE 饭茶碗

创作"THE 饭茶碗"时，为了收集信息我们可是大费周章。不是因为信息少，而是因为全国有太多陶瓷厂，反而造成了信息过剩。

把这些陶瓷厂全部走访一遍大概要花一年时间，这确实难以实现。不过除我以外，THE 的其他成员原本就对陶瓷器颇有研究，所以我需要找的是那些迄今为止大家没有注意到的信息。

我们一般会从历史上的名作开始着手调查，不过这次我决定以日本陶瓷的起源、扎根各产地的契机、历史悠久的窑厂等为切入点。从绳纹陶器到弥生陶器，从须惠器（日本古坟时代的代表性陶器）到奈良三彩（日本古代仿制唐三彩做成的陶瓷制品），从平安时代到镰仓时代，茶道用陶器乐烧（起源于日本桃山时代的粗制陶器）、织部烧（起源于日本安土桃山时代的施釉陶瓷制品），从早期瓷器到近代瓷器，我们着重调查的不是陶器成品，而是孕育陶器的土壤。

通过回顾日本的历史、全国各个产地的背景故事，思考当下，找到如今的人们理解的陶瓷器是怎样一种形态，这就是第三章中提到的产品的特质。比如具有陶瓷器的特质、具有茶碗的特质、让饭看起来很好吃等等。通过寻找这些特质，大家列举了一些符合当代经典陶瓷器条件的产地。

然后我们实际走访了这些窑厂，更全面细致地调查产地历史。不仅要了解不同窑厂的烧制技法差异，还要搞清楚为何陶瓷器会在此兴起。这里的土壤有何优势？它从何时开始繁荣，又如何发展到今天？通过实际的见闻，我们对每个产地有了更加全面的了解。

有的窑厂耗费十年时间取土练泥，有的诞生在古代去往京城的交通要道上，有的因匠人的高超技艺而发达，有的则擅长生产大件制品，有的因发现了瓷器的原材料而兴起，有的拥有完备的生产机制来应对大批量生产，有的是近代陶瓷艺术家扎根之处……每个产地都能制作出怎样的经典？随着调查不断深入，答案也在我的脑海中渐渐呈现。

通过信息提高创造性决策的质量

解开产地的历史之谜后，我们要调查每个产地的土质差异——重或轻、密度如何、吸水性如何、成型性的差异，以及是否具有透光性，等等。我们需要把原材料的每个特性都弄清楚。

制作饭茶碗这类器物的困难之处在于，由于各人喜好不同，很难给它定一个标准。有人喜欢"养器"，觉得被水浸润后渐渐留下痕迹的碗别有风味，有人则认为洁白锃亮的碗看起来更干净、更漂亮。

过去，日本迟迟不得制造瓷器的技术。江户时代以前，那些闪闪发亮的瓷碗都还只存在于海外。在丰臣秀吉一统天下的时代，来自朝鲜半岛的白色瓷器是最高级的贡品。瓷器是很多人的向往，有段时期人们还曾尝试用泥土仿制这种白色的高贵之物。

后来丰臣秀吉把制作瓷器的匠人从朝鲜半岛带到了日本。瓷器匠人在佐贺县有田町的泉山发现了陶土矿，并用这里的泥土制作了第一件瓷器——有田烧。这已经是四百年前的事了，今年（2016年）刚好是有田烧诞生的第四百周年。

瓷器越来越受关注，洁白的器物渐渐流行。有田烧瓷器掀起了一波风潮，人们认为它品质优良、独一无二。但后来另一种声音开始涌现，有人认为还是古色古香的陶器更加别致。

不仅是陶瓷器，所有文化都是在这种反主流文化的不断重复中慢慢形成的，所以判断"什么才能成为经典"非常困难。正因如此，在全国不同的产地生产同样造型的碗，从探寻经典饭茶碗的意义上来说也是最优方案。

最后，我们选择了有田（佐贺县）、清水（京都）、信乐（滋贺县）、濑户（爱知县）、益子（栃木县）这五个产地，运用各自历史背景所孕育的独特施釉与定型技法来生产 THE 饭茶碗。

如前所述，THE 饭茶碗的信息收集工作，以各个候选产地的历史、原材料的特性等为重点。尽可能多地收集最接近商品本质的信息，为团队作出最佳判断创造条件，这也是我在产品开发中的首要责任。

我加入 THE 团队之前，在企业内从事文具的市场营销和商品开发工作。那时，我们做市场调研时关注的净是眼前的东西：现在市场上卖的产品都有哪些、在哪里卖、对手公司都有哪些产品、卖多少钱等等。然后以此预测现在或不久的将来的消费者的需求，以最快的速度投放产品……主要就是这样一种开发机制。当然，企业并未懈怠对文具的基础研究，且付出了非同寻常的努力。正因如此，日本的文具才能以精湛的技术和出色的创意享誉世界。

但 THE 的信息收集工作完全是另一种思路，它的调查目的是发现一件商品最根本的价值和需求点。

所以采集信息时，我们需要重点思考这件物品在过去发生过什么，未来又应当如何。这也是我们制作商品的原动力。

② 生产技术——把想法落实
看似简单，实则很难
——THE PLATE

通过收集信息确定产品的制作方向之后，接下来进入实际制作阶段，这个过程需要合作工厂参与。实际生产过程中会出现各种技术性难题，我们必须逐一解决。

这里我们以 THE PLATE 为例来说明。说到经典的盘子，你会想到什么形状？

餐厅里的盘子通常都有较宽的边，这种设计主要是为了方便服务员上菜。但这里我们说的经典不是餐厅里的盘子，而是普通家庭中使用的盘子。

即便是家庭用，盘子也很难作为一个独立个体存在。人们使用盘子时还得考虑它与刀叉等餐具的协调性。于是我想到了丹麦金属制品设计大师凯·玻约森。

很久以前我就觉得，玻约森设计的餐具乃绝佳经典。于是铃木

THE PLATE

先生提议，不如就做和玻约森的餐具配套的盘子。如果盘子边缘的弧度和汤匙前段的弧度一致，是不是就能让盘中的每一口咖喱都被吃光？

有关汤匙弯曲度的研究随即开始。除了玻约森的产品，我们还研究了其他普通汤匙，分析它们的弯曲度如何。调查发现，通常我们觉得比较好用的汤匙，其前端的弯曲度非常相似。这个结果更加坚定了我们的想法。

但后来我们发现，制作边缘弯曲度和汤匙一样的盘子听上去很简单，实际操作起来却非常困难。盘子由陶土烧制而成，越靠近盘子边缘，陶土因自身重量而下陷得越厉害，且盘子尺寸越大，这种现象就越明显。这和原材料也有一定关系，我们使用的是纯度100%

的天草陶石①。盘子采用原坯入模、压力成型的方法制作，所以我们以为只要模具的精度没有问题，最终的成型肯定也没问题。而现实并非如此。

是否可以量化陶土下陷的程度，在铸模时把这部分的变动值预留出来？我们尝试后发现，根据烧制时长不同，有时盘子容易出现质地不均匀的现象，在窑洞中的摆放位置也会影响成品效果。我和当地 Maruhiro 公司的马场先生每天打电话，不停尝试新的方法，当然也不停地失败。好不容易看到一点希望，觉得"这样应该就可以了"，但马上又发现，那里也会受季节或天气变化的影响。

这种情况在产品制作过程中十分常见。例如，下雨时漆料干得比较快，所以下雨天工厂的生产工序也会有所调整。还有工业性质的塑料成型，根据温度和湿度等气候条件不同，也需要每天重新设定树脂的加热温度和喷射压力。在不断摸索的过程中找到最佳条件，才能完成每一次生产。

虽然这项工作非常辛苦，但这个不停尝试不断积累的过程，在任何生产工作中都是理所当然的。要制作一件产品，不能只是简单地递去一张设计图纸。产品的制造方法与每一处细节，都需要和厂商不断沟通。

---

① 产自熊本县天草下岛的陶石。

一次又一次的试错
——THE LUNCHBOX

THE LUNCHBOX 也一样。看似不难，实际上却对生产技术有着相当高的要求。这款午餐盒的合作厂商是赤尾铝业有限公司，材料选用铝合金，采用金属模具冲压成型工艺制作而成。

为什么它做起来并不简单？THE LUNCHBOX 设计得小而深，长、宽、高分别为 11.9cm、8.2cm、4.7cm。实施冲压时，弯曲度最大的角会产生褶皱。要把那个部分做得漂亮，对工厂的冲压技术要求很高。

铃木先生也从设计师的角度提了很多详细的要求，例如"盒子上下底和侧面的连接处既要有弯曲度的过渡，也得保持棱线清晰""盖盖子时，手松开的一瞬间，要保证盖子能以同样速度继续下落"等。

在试错过程中我们发现，加大冲压强度即可有效避免板材起皱，但马上新的问题就出现了——高强度冲压会划伤板材表面。如何才

THE LUNCHBOX

能避免这种现象？我和工厂就此多次沟通，反复尝试了半年之久。

　　我认为，在这种试错过程中，创造一个让生产现场的人们不断涌现创意的环境这点尤为重要。

　　为此，我会先主动提出自己的想法，比如"这样做或许能成功"。一个外行人都不断提出意见，肯定会带动在场专业人士的情绪，更加积极地思考对策。

　　毫无疑问，我提出的意见在工厂的专业人士看来十分外行。不过，生产现场就是这样，很多解决办法只有真正尝试过才能发现。而外行人的一句话有时能为专业人士带来关键启发，这种情况我见过很多次，这也是生产现场的有趣之处。

并且，如果你参与过各种生产现场，有时甚至可以从完全不同的领域获得灵感。所以说外行人的点子也有它的可取之处。

这次也出现了类似的情况。在冲压强度不变的前提下，我们还能做些什么？调整板材的厚度、冲压前给板材做预热处理、在铝板表面涂高黏度油脂……大家提出了很多难以实现的方案。就在这时，工厂的专业人士突然灵光一现："我想起一件完全不相关的产品，为防止材料划伤，生产时会在板材表面贴一层保护膜，我们应该也能试试？"

我们马上开始尝试，结果发现即便保护膜破了，板材也没有任何损伤。工厂人员反复试验，终于做出了理想的、线条优美的 THE LUNCHBOX 的初样。

此外，为了确保使用安全，还需要去除板材上因冲压产生的毛边。工厂使用磨床处理这道工序，所以不可能做得非常细致。如何处理这些细节？我买了一台手持研磨机来到工厂，诚恳地请求工厂技术人员："请帮忙磨得更光滑些！"

工厂现在肯定已经换成了别的机器，但正是因为这件事，工厂方才认识到了我们的决心，意识到细枝末节之处也必须打磨干净。后来，工厂人员也纷纷开始出谋划策，在大家的共同努力下，THE LUNCHBOX 的切口处终于像今天我们所见的那般干净漂亮。

制造商的挑战
——THE TOOTHBRUSH

如前所述，我们会向生产商提出各种要求，许多厂家都对我们的新点子表示了兴趣。对他们来说，这也是挑战新事物的机会。

"THE TOOTHBRUSH by MISOKA"就是一个例子。在第四章中，我们介绍了一款名为 MISOKA 的牙刷，只需蘸水就能把牙齿刷得光洁干净。我们想用这种刷毛加工技术，打造一款经典牙刷。

为了人们持握方便，也为了让牙刷站立稳定，我们把牙刷的手柄做成了三角形。但成品做出来以后我们才发现，想让一根细长的树脂牙刷站立起来并不容易。为了让牙刷稳定地站立，我们想到了在手柄部位添加金属重物的办法。但如果牙刷过重，又会影响使用感。所以这点尤其需要深究。

正常来看，嵌入式成型法的成本最低。具体做法是将金属重物放在牙刷模具中，最后注入树脂。我也考虑过干脆直接将手柄底部做成金属材质。但在更换重量做最后检验或更改规格时，这两种方法都会产生巨额后期费用。

于是我们想到了一个主意：让工厂帮忙搜集市场的成品金属重物，然后修改牙刷手柄的设计，以方便之后调整重物的重量和位置。

我们的目的就是找到那个让牙刷马上要倒但又不会倒的极限重量。通过对比试验不同比重与大小的金属重物，以及重物的放置位置，我们终于找到了那个平衡点。

因为黄铜比重高且不容易出现生产问题，我们首先考虑用黄铜制作这个重物。但由于成本过高，并且没找到适合牙刷尺寸的产品，所以最终改成了不锈钢材质。在这个过程中，我每天都和生产商的设计人员打电话沟通。

虽然生产商每天都在做研发工作，但平时如果没有特殊项目，他们一般也不会挑战新事物。像我们 THE 系列这样的非常规产品或许可以为厂方开发新方法提供机会。正因如此，我们就更应该对商品的策划和设计负责，以免白白浪费大家的努力。

牙刷的合作厂商曾说："我们还是第一次尝试这种做法，不过能有此体验真是太好了！"于是我暗自立志，一定要让每个合作厂商都能收获这种感受。

③ 生产成本

重新设计

——THE COASTER

如第一章所述，生产成本是开发 THE 的第一个产品 THE GLASS 的一大障碍。当然，不仅是 THE GLASS，生产所有产品都会面对成本问题。为了克服这道难题，我常常和团队成员激烈争辩，弄得心力交瘁。

但是在商品开发过程中，我们不能只把生产成本问题视为障碍，而要思考是否可以用新方法更好地解决这个问题，这样才能催生更好的产品。THE COASTER 就是一件成功克服了生产成本和生产技术之难的产品。

过去的杯垫的一个特别让人困扰的问题是，它们很容易粘在杯底，拿杯子时总是会一并带起杯垫。

不知道大家有没有这种经历？拿杯子喝水的时候，那种木制或其他较硬的杯垫粘在杯底几秒钟后就会掉下来，发出巨大声响。纸质杯垫掉下来的时候倒是没有什么声音，但喝水时杯底粘着杯垫让人很不好意思，而且纸杯垫还会被水浸湿。

我们反复讨论究竟哪种材质最适合做杯垫，把会沾水作为大前提，我们想到了与水滴最相配的东西——瓷砖。将小块瓷砖组合起来，接缝处的凹槽可以防止杯垫粘在杯子上。而且瓷砖即便沾上水也很漂亮，只需简单擦拭就能恢复干净。

这么说来，瓷砖杯垫确实是一个理所当然却并不存在的商品。最初我们的设计方案是采用建筑接缝手法，将16块边长2厘米的正方形小瓷砖拼接成一个8厘米见方的大正方形，但这个方案马上就在成本和技术方面碰了壁。

日本瓷砖产量最大的地方是岐阜县多治见市。我们在这里了解到，常用于浴室地板等场所的小块瓷砖的产量正在逐年减少，并且拼接瓷砖的人工费也很高，以预期的售价根本无法实现。另外还有强度的问题。板状组合方式难以保证接缝强度，很容易造成成品开裂。

于是我们决定彻底推翻之前的想法，重新设计。最终我们决定不再采用拼接的方式，而是与生产公寓外墙和住宅装饰用大型瓷砖的工厂合作，将杯垫直接做成巧克力板那种一体式结构，也就是在瓷砖上做出形似接缝的凹槽。我们试图以此一次性解决强度和成本这两个问题。

和杯子的生产量一样，我们也一次性做了7000个杯垫。因为如果不一次性做这么多的话就划不来。

THE COASTER

在为批量生产做模具时，我们做了一次可以制作八个杯垫的瓷砖模具。基本上，一次操作产出的成品数量越多，均摊在每个产品上的价格就越便宜。说得极端一点，如果简单计算，一次做一个成品的成本是一次做八个成品的八倍。不过实现这一点并不容易。要制作八个成品的生产模具，就得投入相应的费用支持，而且保证八个模块形状一致对技术精度的要求也很高。

几乎没有公司会冒险在一个杯垫生产经验为零的工厂新做一个八成品的模具，然后一次性生产7000个杯垫。可能正因如此，这样的商品到现在都不存在。

一开始我们还很担心这7000个杯垫会不会卖不出去，直到现在，它的销量居然突破了两万个。

这款杯垫的底色为灰色，涂白色的釉，看上去泛着淡淡的蓝色。其实最初我也考虑过蓝色，但如果使用这种生产方法，颜料很容易浸染到接缝（凹槽）中。而瓷砖接缝基本都是白色的。如果整体都做成蓝色的话，瓷砖那种独有的美感就会被弱化，最终我们决定只采用白色。

　　此外，我们还发现了一个意料之外的效果——无接缝的设计更方便杯垫清洁。仔细观察浴室的瓷砖，你会发现接缝处意外地容易藏污纳垢。原本为了解决成本和强度问题而重新考虑的设计，没想到收获了意外的成果。

把成本上升转化为产品品质
——THE 酱油瓶

THE 酱油瓶也是一款突破了成本和生产技术壁垒的产品。

第四章中说到，我们想打造一款不洒酱油的酱油瓶，超越荣久庵宪司先生设计的龟甲万酱油瓶成为新的经典。THE 有两种商品开发模式，一种是受制造商或企业的邀约与其合作研发，另一种是由我们自己从零开始构思，然后去找合适的生产方。

THE 酱油瓶属于后者。我们带着酱油瓶的设计图纸来到玻璃制品厂，却吃了闭门羹，四家公司都表示"这个我们做不了"。为了让里面的酱油看起来更加美味，我们准备制作一款瓶身没有任何装饰的透明玻璃瓶。本以为技术方面没有什么难度，但要制作一个光滑通透的玻璃容器并不容易。

综观市面上的玻璃酱油瓶，几乎没有一款是纯透明的，多多少少都有些花纹或图案。龟甲万之所以可以做出轻薄透明的玻璃瓶，是因为采用了特殊工艺，并且是以超大批量生产为前提的。

光滑透明的玻璃酱油瓶为什么如此难做？原来，制作玻璃瓶普遍使用钠钙玻璃为原料，而这种材料很难形成光滑的表面，所以常规做法就是像其他酱油瓶那样，在瓶身加入各种花纹，这几乎已经是业界常识了。正因如此，我们才屡屡被拒。

　　并且，THE 酱油瓶的瓶盖口处加入了特殊设计，结构尤为精致，需要耗费大量精力和金钱从零开始制作生产模具。至此，我们的想法被所有的厂商宣判"做不了"，"不洒酱油的美丽酱油瓶"就这样停留在了设计图纸上。

　　然而，当我们来到石冢硝子集团^①的 ADERIA 公司时，董事壁屋先生向我们投来了橄榄枝。他说："你们的想法挺有趣，我们很想挑战一下。"于是我们的开发工作重新启动了。

　　厂方还给出了专业的见解：使用钠钙玻璃不仅会导致玻璃表面不光滑，这种材料也很难实现瓶盖上的精密设计。后来，ADERIA公司帮忙委托了同集团位于青森县的北洋硝子公司，最后决定使用成型性能更好的水晶玻璃，采用模具灌注成型的方法尝试一下。

　　水晶玻璃主要用于制作高级餐具，用它制作的葡萄酒杯清澈透明，干杯时会发出清脆悦耳的声音。出于环保和安全因素，THE 酱

---

① 日本老牌玻璃制品生产商，以精湛的玻璃生产技术享誉业界。ADERIA 是石冢硝子的子品牌。

油瓶所使用的是无铅水晶玻璃，也是日本国内主流的水晶玻璃品种。

当然，原料从钠钙玻璃换成水晶玻璃后，成本也随之升高。一个钠钙玻璃材质的酱油瓶一般售价在 1500 日元左右，便宜一点的 1000 日元以内也可以买到。在这种大环境下，THE 酱油瓶的单价却达到了 3500 日元。

对一个酱油瓶来说，3500 日元确实不是一个常规价格。而我们又无法像之前说过的玻璃杯和杯垫那样，通过改变生产批量或设计方案来降低成本。所以我们必须权衡利弊，做出取舍。THE 酱油瓶最大的价值是不洒酱油，而高级的水晶玻璃材质赋予了它做礼品的潜质。我们思索再三，最终敲定了这个价格。

为了让 THE 酱油瓶更适合送礼，我们决定为它加设梧桐木包装盒。我们联系了全国的梧桐木厂家，并向专门做包装的客户寻求帮助，最终通过扩大梧桐木盒的生产批量实现了这一目标。

实际上，这次商品开发过程中也有意料之外的收获。本次酱油瓶的合作方石冢硝子集团的 ADERIA 公司当时正好在寻找好的梧桐木盒厂家。经我介绍，两家公司直接达成了协议，好像到现在仍保有合作关系。真没想到会发生这种事情，我们也感到十分开心。

④ 与厂商合作

大家可能已经注意到了，THE 常常公布参与产品开发的厂商或合作方的名字。这其实也是在向大众表明，THE 的每一种商品都有指定的合作方，不存在多个厂家同时生产一种商品的现象。

从采购方的角度来看，一般情况下采用"双源采购"的方式更有利。一是能保证生产能力（即规避缺货风险），二是利于谈判采购价格。而 THE 则选择将指定厂商、独家合作的方式贯彻到底。

我想把每处细节都传达给购买 THE 产品的消费者，让他们了解自己使用的东西是我们和谁、在哪里、采用怎样的方式制造出来的。我也希望像这样公布每家合作厂商的名字，能带给厂家一些积极影响。

通过共享生产技术和营销信息创造新的经典
——THE COLOCOLO BY NITOMS

THE COLOCOLO BY NITOMS 是我们与日本日东集团的子公司 NITOMS 合作开发的一款产品，也是 NITOMS 公司的自营产品。

大家一般把家里用的粘毛器叫作"COLOCOLO"①，这个名称其实也是 NITOMS 的注册商标。也就是说，COLOCOLO 已经拥有庞大的用户群，本身就是一款经典商品。这不禁让人思考，为了成为经典，它还有需要改进的地方吗？

我们决定通过最大限度地发挥 NITOMS 的技术优势，增加其功能性，继续优化这款经典商品。

相比 NITOMS 之前的产品，THE COLOCOLO BY NITOMS 的胶条部分增加了条纹图案。乍一看，这种设计可能显得华而不实，

---

① 日语中意为滚动、翻转。

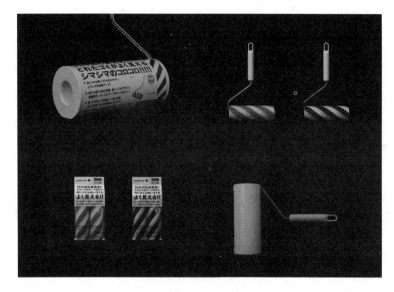

THE COLOCOLO BY NITOMS

但它能让粘在上面的垃圾更加醒目，连白色的垃圾也很显眼。这其实也是一种理所当然却并不存在的设计，因为在印有图案的同时还要保证胶条的黏性，在技术层面上很难实现。如果在纸张上大面积印刷图案，黏着剂就很难固定。

　　签署保密协议后，NITOMS 向我们展示了最先进的黏着剂生产技术，我们也以此为基础提出了许多点子。

　　为了方便拿取和收纳，我们也对 COLOCOLO 的把手部位做了特别设计，使它可以更稳固地竖直放在地板上。如果胶带的余量变少，粘毛器的主体部分也会逐渐变轻，竖直放置时也容易倒下。为了解决这个问题，我们和厂商试验了无数次，最终确定了新的设计方案。即便只剩一点点胶带，粘毛器也可以稳固竖立。

能够实现这种合作，是因为双方深入讨论了销售价格、制造成本等所有细节。

例如，我们让 NITOMS 详细说明，把胶带做得更容易撕取大概需要多少费用、技术方面有什么难点等等，通过共同合作将产品商品化。

在爱知县丰桥市的工厂制作大概需要多少费用、在中国加工成型的费用和运费又是多少……我们向厂商咨询了这些一般不对外公开的信息，然后以此为基础全面讨论了产品的制造方法、价格、营销计划等，实现了销售信息共享、共同销售的合作模式。

乍一看不像 THE 品牌的商品

可能大家会觉得，THE COLOCOLO BY NITOMS 看起来并不像 THE 的产品。它的设计并不简洁，外包装上赫然印着几个大大的感叹号，功能介绍、使用说明等信息标记得细致翔实。

为什么我们没有更改它的设计？因为 COLOCOLO 的主要投放市场是各种家居卖场、生活超市和大型超市。并且，COLOCOLO 之所以能成为经典，也是发端于在家居中心的畅销。在货品繁多的日用品卖场里，简单的设计很可能被埋没，所以必须想方设法把条纹图案的优点最大限度地传达给消费者。

对这个问题的处理方式也充分体现了 THE 的创办愿景。我们要做的不是那些看起来很时髦的杂货，而是能被称为"THE"的经典商品，最终实现提高社会上的经典标准值的目标。

当然，我们也考虑到了 THE COLOCOLO BY NITOMS 在家庭中的使用场景。它的外包装是一层塑料膜，撕掉后则是一个简约大方的纯白色圆柱体。外包装是双面设计，一面侧重商品宣传，主要适用于家居卖场；另一面的设计则相对简洁，更适合在家装饰品店陈列。

NITOMS研发的黏着剂可谓业界翘楚，详细了解了技术细节后，我们重新改良设计，最终做出了具有飞跃性突破的经典COLOCOLO。

人们购买日用品和消耗品时，往往会选择相对便宜的产品。如果提高这类产品的品质，就必定要牺牲价格。我们当然会绞尽脑汁努力控制成本，但同时会思考，怎样让消费者因功能性设计和装饰性设计而选择我们的产品。

NITOMS一直是生产COLOCOLO的行家，也许正因如此，他们才无法对很多传承已久的做法做出大的改变。在黏着面印刷条纹是一个很大突破。希望他们能以此为契机，打破更多的观念壁垒。

通过与各种厂商合作，我们吸收了不同行业的知识，志愿运用这些知识创造更多的经典。

第六章

创造经典的设计管理

中川政七

只靠理性经营已经行不通了

说到经营者的职责，大家可能会想到制定经营战略、阅读销售数据、做出决断等。这些工作当然都很重要，但我明显感觉，对现代的经营者来说，"设计"等创造性的管理能力也不可或缺。

过去只按照脑中想象的逻辑思路来管理就能经营一个企业，而现在已经行不通了。

时代在变迁。在过去物质资源不足的年代，人们追求品质和稳定感。那时候，只要商品包着著名百货商店的包装纸，大家就会认为它是好东西，都会去那里买东西。后来各种商品大量涌现，人们会因为追逐金牌售货员或超级大牌而买东西。而今天我觉得，最重要的是和消费者产生共鸣。

要获得共鸣，靠的不是逻辑思考，而是设计，是情感。但现在很多公司都无法回应消费者的这种需求。

过去，企业的核心是"人、商品、金钱"，而今天还需要加上"品牌"二字。企业不仅要为了满足商品的功能而设计，还要为构建品牌而设计。也就是说，企业需要可以塑造品牌的设计。

当然，我不是说经营者都必须变成设计师，而是要有对设计的领悟能力（设计素养），并对其进行管理。这一点我们在后文也会提到。

但日本企业的高层有着十分强烈的造物信仰，而设计素养相对较低。这种经营者一般不会在软件方面花钱。他们常常觉得"设计这种东西很快就能做好，一天就能做好的事情，凭什么要花几百万日元"，或是"设计这种玄虚的东西我不懂，交给你们了"。但是选择什么样的设计师是经营者的重要工作，所以具备设计素养尤为重要。

逻辑管理和创造性管理都很重要。两者相辅相成，决定了一个公司能否变得更好。

本章我将从经营的角度谈谈我认为非常重要的两点：一个是作为个人能力的"设计素养"，另一个是作为组织创造成果的"设计管理"。

设计不是品位而是素养

虽然我一直在强调设计很重要，但其实我也不太懂设计。

因此，在判断商品设计的优劣时，我采取的是"外行"的立场。我会从消费者的角度出发，判断某个设计是否得当。

这时要特别注意，千万不能仅凭自己的感觉下结论。即便我发表自己的感想，那也只是一个四十岁左右男性的看法。我们要尽可能地揣摩该商品的目标顾客的心情，想象并体会这些人的想法。

THE 开发商品时，最先由团队成员相互提出想法，然后排查一个个堆积如山的创意，评估它们的可行性。大多数情况下都是由我来决定最终做哪一个。我也会从产品开发的角度出发，针对大家所提出的方案或设计给出严谨意见，比如是否好用等产品性能方面的问题。

也许有人会想，你明明不了解设计，又怎么判断一个设计的好坏？但我所做的并不是告诉设计师"我觉得这样设计比较好"，而是问："这个设计看起来是这样的，我理解得对吗？"

THE 的开发团队中有水野学和铃木启太两位专业设计师，就设计本身而言我基本没有发言权。我不会说"包装上的文字间距再宽一些"或"这个便当盒的角做得再尖锐一点"之类的话，但会说出自己对设计的感觉。我觉得这就叫设计素养。

"素养"一词原指读写能力，而读写能力并非来自感觉，而是通过不断学习获得的，设计也是如此。

一谈到设计，很多人就因为自己不懂而没了底气，甚至把设计师的话当成金科玉律，一味遵从。他们经常说："品位好的人都那么说，那肯定没错了。"

但这样并不可取。不管设计师说得多好，只要站在消费者的角度来看难以领会，我就会提出反对意见。当然，我不会围绕设计本身和大家讨论，而是会针对这个设计带给我的感觉提意见，比如"这个设计传达给我的是这种感觉，我觉得不太好"等等。

从这个意义上来看，或许可以说我并没有将设计师神圣化，而是试图与他们建立平等的关系。

设计实际上是一种表现手段。你想如何呈现这件商品，想带给消费者怎样的感觉，都可以通过设计来实现。如果设计能够表达预期想法，那就没问题；但如果不符合产品预期，经营者和产品开发人员就必须及时纠正。

很多人可能以为做设计管理工作必须拥有专业品位，其实不然。培养从消费者的角度思考设计的能力，即提高设计素养，也能提高设计管理的能力。

如何提升设计素养

怎样才能提高设计素养？下面介绍三种我使用的方法：

① 正确理解设计的作用；

② 有目的；

③ 多看、多思考他人的设计。

其中①和②就是我在前文中说到的两点。我们在日常工作中接触到设计的时候，首先要认识到设计是一种手段，在此基础上，要时刻注意设计的目的是什么，这点尤为重要。

接着是③。这点也可以在日常生活中多多实践。

观察设计，然后思考，多多积累这样的经历对提升设计素养有很大帮助。话虽如此，世上的东西都是以某种方式设计出来的，每个人在日常生活中都能接触到很多设计，但不是所有人的设计素养都能得到提升。

看，然后思考，听起来好像是一件理所当然的事情。但我们不仅要看，更重要的是要思考。

说实话，我并不擅长画画，也谈不上有设计品位。但我认为通过有意识地观察、分析、理解各种设计，设计素养也是可以后天培养的。设计素养可以通过理性思维的手段来提升。

一件商品上市后大获好评，它成功的点在哪里？是价格、造型，还是功能？总之一定有它的理由。经营者时常考虑这些东西。其实设计也不例外。

例如，我们生产了一些手帕拿去卖，有卖得好的，也有卖不出去的。如果两种手帕的价格相同，那区别很可能在于款式不同，卖得更好的就是"好设计"。或者某种手帕标价750日元的时候卖得很好，但价格提升到850日元就卖不出去了。我们可以这样大致看出设计和价格的关系。

当然，这里卖得好和卖不出去的理由都只是假设。不过认真积累这些假设，便能磨炼判断的准确性，培养判断的能力。我们要培养的不是品位，而是经验。

另外，虽然大家都说自己"在思考"，但很多时候都是自以为在思考，实际上却并没有思考。

目前我经营着一家叫中川政七商店的日用杂货公司，公司的经营理念是"振兴日本工艺！"中川政七商店有一项产品方针：生产一件产品前一定要为生产目的做书面记录，比如以怎样的方式生产什么样的商品、如何销售等等。

产品实际上市后，也一定要在之前的书面文件上添加标注。要记下结果如何，分析可能的理由，然后把这些记录用作下次参考。

留存书面记录非常重要。如果只是想着"这次失败可能是因为这一点"，我们很快就会忘记。这样就无法验证假设并为下一次生产提供经验。

注意自己的偏好

日常生活中，我们随时可以修炼自己的设计素养。前几天，水野先生对我说："您的穿着和我第一次见您时感觉完全不一样了。"其实某种意义上我也是有意识地在做改变。

所谓品牌管理，就是掌控一个品牌的印象。比如这个品牌给人怎样的印象，你想让它有什么样的感觉。如果把一个人当作品牌，着装就是改变品牌印象的手段之一。每天更衣的时候考虑片刻，是想让自己看起来更威严还是更柔和，是我每天都在练习的事情。

反过来说，连自己给人的印象都无法控制的人，也掌控不了更大的东西。

我曾经自掏腰包给公司的男性员工，让他们用这些钱买衣服。我们公司的男性员工很少，虽然从事生活杂货和设计相关的工作，但很少有人注意时尚。

当然，大家的工作能力都很优秀，但如果外形不佳，那你在设计方面提出的意见也没有什么说服力。所以从事设计相关工作的人，着装上也一定要能与之相匹配。

话虽如此，但我一点都没觉得自己的品位变得有多好。

有一点希望大家不要误会，无论平时多么关注时尚，自己也因此变得时髦了一些，但在时尚界这根本不值一提。

有意识地提升自己的设计素养固然重要，但这说到底也不过是自学水平。自己在家里再怎么努力练习棒球投接球，也不可能成为美国职业棒球大联盟的选手。

设计也是如此。素养和实践完全不同，需要交给专业人士的一定要交给专业人士。

也就是说，在不断努力提高设计素养的同时，也不能失去普通外行人的眼光。

这种外行人的眼光其实并不是那么容易就能拥有的东西，因为大多数人都是凭自己的感觉来看待事物的。打个比方，很多人会把自己认可的东西作为坐标轴的中心。而世上一般意义的中心其实可能另有其他。

那具体要怎么做？我们要把握自己的定位。每个人都有各自的思维定式，或者说思维偏好。首先明确自己的思维偏好，然后有意识地调整它，把突出的特殊部分压平。

说一个我的例子。我说我喜欢某位女演员的时候，大家都非常吃惊。于是我逐渐意识到，自己对女性的看法也许有些特殊。

对设计的喜好也一样，每个人都有自己的偏好。了解自己的惯常喜好并加以修正，就能拥有更加"普通"的外行人眼光。

　　为了发现自己的偏好，还得多看设计。这样一来，我们也会逐渐清楚自己究竟处于怎样的定位。产品不同，目标消费群也不同。但只要掌握了普通人眼光，不管针对哪种产品，我们都能给出目标群体均值水平的看法和意见。

成年人也可以习得设计素养

尽管我们每天都在接触设计，但潜意识里还是会把设计当成一种附赠品。我认为其中的缘由在于教育。日本的设计教育有些落后。

水野先生曾在一场对谈活动上听 DeNA 的创始人南场智子女士说，美国某所学校里有一门课程会让孩子们带来自己喜欢的东西并向大家推广介绍，比如"我喜欢这种牛奶，它的瓶盖是这样的……"等，尽可能地向大家展示这件物品的魅力。这是日本所没有的课程。

我认为设计素养也是一种传达的能力。它是把只有自己知道的事和只有设计师才理解的事，广泛地传达给大众，简而言之就是一种"翻译"的能力。

现在在 MBA 硕士等课程中，都设置了设计素养和 IT 素养科目。除财务、市场营销、组织论以外，人们也意识到了设计和 IT 知识的重要性。然而现状是，作为固定课程，它们并没有跟上现实的步伐。虽然市面上开始出现有关设计思维的书，但还没有形成体系。

但这并不是说如果小时候没有接受过相关教育，成年后就无法具备设计素养。在我的理解中，设计和财务是一样的。我们还是小学生的时候，几乎没有人知道什么是财务，更不会学它。但我们会学数学，而财务就是数学在实际经营工作中的体现。同样，设计就是手工与美术在实际经营工作中的体现。

但在培养有创造力的人这方面，我觉得日本的基础教育存在不平衡的现象。在如今的状况下，经营者如果想要提高设计素养，就只能在实践中自己感受与摸索，目前没有正统教科书。或者读一读最近出版的有关设计思考的书，我想只要通读一遍，就能建立自己的逻辑思维体系。

受教育方式影响，日本人非常不擅长构思创意，并且对设计师似乎有些盲目崇拜。但如果想把商品卖给普通消费者，就必须在日常生活中时刻关注设计。

不要因为不擅长就把自己封闭起来。承认自己不擅长，然后从零开始积累知识，任何人都能提高设计素养。

什么是设计管理

当代企业所需要的是，从经营角度考虑如何将设计与结果联系起来的设计管理。

从实际经营方面来看，首先需要确定的是与设计有关的工作是外包还是让公司内部设计师来做，这两种方式很不一样。

在我看来，与本行业密切相关的设计最好在公司内部完成，除此之外的则可以外包。例如，商品的外形和功能设计让公司内部设计师来做，外包装上的商标等则交给外包公司。

如果委托给外部的工作人员，大部分问题都可以用金钱解决，而内部员工则需要公司自行培训。不过无论外包设计师多么优秀，也很难精准理解那些只能意会的企业理念或文化，很多时候不一定能得到满意的结果。

日本很多大型家电公司会在内部配置设计师。但从结果来看，很多细节也都做不到称心如意。究其原因，我认为还是设计管理不善。

大企业的设计管理之所以不成功，我认为最大的原因是他们没有把经营决策和设计决策很好地联系起来。经营者不具备设计素养，造成二者之间形成断层。

在公司这种组织结构中，做决策的大多还是高层。所以如果高层的设计素养比较低，那就没办法了。从这个意义上说，设计管理的根本要义就是提升高层管理者的设计素养。

不过最近人们好像逐渐认识到了设计在企业管理中的重要性，书店里有关设计管理的书也多了起来。我看这些书时发现，书中写的基本都是关于提出创意时如何"建导"的内容。所谓建导，是指在会议或交流会上促进他人发言，或参与、整理发言流程，确认参与者认识达成一致的过程。

例如，建导者用一个有趣的话题向大家抛出题目，实现讨论，然后通过不断重复这个过程来提高讨论的质量。这并没有什么特别之处。

不过日本的大型家电企业会议等级制度森严，议题多半是由设计素养较低的高层领导给出的，所以根本不会出现有趣的切入点。所导致的现状就是核心意见基本都来自手握权力的人。

创造畅销产品的开发模式

　　作为 THE 的一员，我在团队中最重要的作用之一就是建导。水野学先生和铃木启太先生都是设计师，各自都有本职工作。在 THE 每月仅有的两次例会上，如何才能在这有限的时间里充分激发两个人的大脑，创造出更好的成果？这其实也是设计管理的一部分。

　　以商品开发为例，最初我们不了解情况，胡乱提出创意，浪费了很多时间。不管是多好的点子，如果着手尝试后发现，需要花五年甚至十年才能最终变成商品，那这种创意就没有意义。这样会让新商品的开发工作无法按计划进行，公司经营也会出现问题。

　　但是，随着经验的积累，我发现了几种成功模式，分别是"设计主导模式""厂商委托模式""协作模式"。

　　含义很好理解，与字面意思一样，在"设计主导模式"中，要把 THE 的成员所提案的设计落实成形，毫无疑问能做出好的产品，然而这个过程的难度也最大。相比之下，"厂商委托模式"的自由程度虽然较低，却是最容易实现目标的一种模式。"协作模式"的各项指标则处于两者之间。

如果能把这些模式的特点搞清楚，就可以根据年度计划有重点地选择相应的模式。比如今年必须完成十件产品，现在只完成了三件，这时就应该增加"厂商委托"和"协作"，所以必须要考虑如何召集制造商或品牌等。这也是设计管理的案例之一。

还有，刚加入 THE 团队时，对于水野先生和铃木先生自然而然地在做的一些事情，我经常一头雾水。于是我拜托他们把那些事情用文字表达出来，也就是第三章中介绍的五个成为经典的条件。这对我和创意团队的交流有很大帮助，也让我们更容易向消费者传达"THE"是什么。这也是设计管理。

总而言之，创造经典商品的重点就在于，如何创造和维持一个更容易创造出经典商品的环境。进一步来说，就是要思考如何让设计师发挥最大力量，让做出的产品更接近于好的成果。

明确设计目的

从设计和经营这两个方面来看，建立销售计划和设计市场流通方式也非常重要。

以 THE 创立之初的第一件产品 THE GLASS 为例。在第一章中水野先生也提到过，为了制作经典玻璃杯，我们为它设计了小杯、中杯、大杯三种杯型。我们对经典产品的"适价"也加入了自己的考量，比如最小的 THE GLASS 价格不能超过 1000 日元。

但制作这三种杯型的模具大约要花费 500 万日元。如果以常规批量生产，根本就卖不了这个价钱。后来我们作出的判断是，通过扩大生产批量来降低单个产品的生产成本，最终实现适价销售。

当时 THE 的启动资金是 1000 万日元。花 500 万制作模具，三种杯型各生产一万个，生产成本轻轻松松就能超过 1000 万。在还没有任何收入和盈利的情况下，如果失败，公司毫无疑问会破产。

一般人大概会想："我承担不了那样的风险，也没有那么多钱"，然后控制产品的价格和生产批量。要么牺牲杯子的品质，把生产成本控制在 1000 日元以下；要么保持品质，并把单价提到 3000 日元。

但我同意了。

这是因为 THE 本身就是一个打造经典商品的品牌，1000 日元的价格本身就是 THE GLASS 这件商品的一部分。话又说回来，一个定价 3000 日元的普通杯子根本不可能卖得出去，品质不好的杯子当然更是如此。

不过从结果来看，这个决定确实很正确。THE GLASS 的销量远远超过了最初的生产量。

当然，这并不是说为了自己想做的商品，无论多么大的风险都得承担。我们必须认清生产这件产品的目的，再来判断要不要做、可不可以做。而要想看清这一点，就必须对设计有非常全面的理解。

不过，一开始我们就有信心卖好 THE GLASS。简单来说，是因为我们在研发阶段就已经明确了设计目的，即"打造畅销经典"。

但现在很多公司分不清什么是目的，什么是手段。"想做出帅气的设计"或"想做出可爱的设计"都不是目的，而是手段。不论是为了让产品更畅销，还是为了塑造品牌，我们必须在最初就明确设计的目的。

THE 的目的不仅是创造经典。说得极端一点，如果 THE 的产品不能畅销，我们的目的也就无法实现。而只有像水野先生和铃木先生这样对畅销有责任感的珍稀设计师，才能让一切成为可能。

很多设计师都认为："我只对设计本身的好坏负责，至于能不能卖出去就与我无关了。"这样一来，"制造"经典就成了最终目的。无论积压了多少库存，欠了多少借款，如果只满足于"我们创造出了经典产品，真是太好了"，所谓经营就无从谈起。

在做产品研发时，如果不能为它找到目标购买者，一切都没有意义。在开始设计和执行策划之前，必须要考虑好这件产品未来要在哪里卖，在哪里的市场、以何种方式流通。必须把设计和经营融为一体。

因此，要成功打造一个品牌，经营者必须具备设计素养，设计师也应该具备经营素养。

经营是创意性工作

为了达成 THE 的品牌目的，我认为有必要把流通问题纳入设计考量范围。

想以适价销售经典产品，就必须适当承受一些风险，就像前面提到的 THE GLASS 那样。手头的研发资金有限，为了让事业持续发展，显然初期阶段就必须创造一定的销售额。

一般情况下，一个新品牌会通过网上销售与线下门店铺货并行的方式来起步。但这种方式能取得的销量远远达不到预期目标。那么应该怎么做？经过一番考虑，最终我们决定直接开一家实体店。

决定开店时，我们甚至连一件成品商品都没有，手上只有 THE GLASS 的模型。从方案敲定到正式开店之间只有一年，现有成品商品只有两件。

一般来说，只有两三个商品是不可能开店的，即使开了也没有商品可以摆放。但为了创立 THE 这个品牌，我们必须一开始就拥有一家店铺。

终于，THE SHOP 在东京站前一家叫"KITTE"的商场内开业。当时 THE 原创商品数为 7 件，两年后商品便达到了 30 件。

实体店开设后，销售额才在一定程度上得到了保证，商品研发工作也得以继续。完成这种规划的时机和速度也至关重要，如果当初没有做出开店的决定，THE 可能就永远止步于玻璃杯了。

之所以能一开始就做出开店这一艰难的决定，我认为很大程度上得益于自己以往培养和积累的设计素养。

很多人认为只有设计师才有创意力，而从这个意义上来说，经营其实也是一种创意性工作。完全依靠逻辑思维的经营与管理其实并不能 100% 顺利，我认为就是因为其中缺少创意思维。

我认为自己七八成是逻辑，其余两三成是创意。而水野先生作为一名设计师也并不是百分之百都是创意型思维，他也有讲究逻辑的一面。

THE 这家公司刚刚成立，所有东西都还在起步阶段。能够有幸在此时取得一定的成果，我认为最大的原因是我们完美地结合了经营与设计，并在二者之间建立了信赖关系。

虽然看起来有些自卖自夸，但这真的非常难得。因为一般以设计师为主导的品牌都会更偏向设计。

为了使经营和设计之间达到良好平衡，就必须思考彼此要做出何种努力，才能达成契合。当然，这个契合的点具体在哪里，每个公司都不一样。而厘清并发现这个点，正是设计管理的职责所在。

我工作时，如果是和 THE 团队的这样有经营素养的设计师合作，我会在一定程度上把工作全权委托给对方。但如果不是，有时我就会从经营者的角度出发，多插手一些事。

也就是说，在设计管理中，无论是个人还是组织，逻辑思维和创意思维的结合都非常重要。

摒除思维定式

　　在设计管理中，摒除思维定式非常重要。思维上的惯性往往会使设计陷入狭隘。

　　中川政七商店三百周年店庆时，我请水野先生设计纪念购物袋。当时我们提出的需求是设计一款和现在使用的袋子规格相同的纵向（瘦长）购物袋，而水野先生给出的居然是横向（横宽）的设计。

　　负责人本来想和水野先生交涉，告诉他这种横向设计不可行。但我觉得"既然水野先生这么说，就一定有他的理由"，便让负责人先去了解其中的缘由。后来得知水野先生的用意是，因为公司的标志是横向的，把购物袋做成横向，就能把袋子上的标志做得更大。

　　我总觉得只要袋子够深，里面的东西就不容易掉出来，这样更放心。而水野先生的意见是："应该没有那么多必须放在纵向购物袋里的商品吧。如果放进横向袋子里会掉出来，那大家一开始就不会把它放进袋子里。"

　　如果为了装饰性设计而牺牲产品的性能则另当别论，如果不是，那就没有问题。其中的问题就在于我们的主观想象。我们常常觉得之前的袋子都是纵向的，所以今后也必须是纵向的。

在设计的过程中，不仅要抛弃个人的兴趣爱好，还要摒除思维定式，使思维扁平化。我经常会问这种问题："话说回来这个真的有必要吗？""话说回来是不是不必拘泥于此？"等等。我称之为"话说回来发问"。

做 THE TOWEL 的时候也是如此。最初我们的想法是采用高级丝线制作柔软、吸水性强、用起来最舒服的毛巾，但无论试验多

THE TOWEL

少次，都得不出一个让所有人都认可的方案。

其实这也是"最好的只有一个"的思维定式所致。在反复讨论的过程中我们发现，男女对于理想毛巾的理解有很大不同。最终我们决定生产男士用和女士用两种规格的毛巾。

我曾为刀具品牌"庖丁工房 Tadafusa"做过咨询顾问，其面包刀就是在摆脱思维定式后制作出来的商品。

说起面包刀，大家是不是会联想到锯齿形刀片？但在 Tadafusa 的 900 多种刀具中，却没有切面包用的刀。一问才知道，大家都是用普通菜刀代替面包刀。

仔细观察可以发现，锯齿形状面包刀的刀刃处呈圆形。更准确地说，面包刀实际上没有刀刃，切面包时会掉下很多面包屑。

用普通菜刀切面包反而不会有这种问题。按照技术人员的说法，因为普通菜刀有刀刃，所以比较锋利好切。

面包刀为什么一般是锯齿形？这是因为普通菜刀切入面包时容易把它压变形，而锯齿形的刀切入面包更容易。于是 Tadafusa 的面包刀在刀尖处保留了锯齿形状，其余部分的刀刃则笔直平整。

我本身就是不容易被固有观念束缚的人。大学时我想加入足球社团，但我不能喝酒。但是加入社团就一定会被迫喝酒，我不太喜欢那样，便自己成立了足球社团。

与其在现有社团里选一个不需要喝酒的来加入，不如我自己重新成立一个社团。我觉得这种思考方式也能够运用在商品开发中。

　　水野先生把我的这种思维方式称作"灵光脑"。"灵光脑"其实就是创造力。"创意""创造"听起来就很酷，而"灵光脑"听起来就有点逊了。不过二者本质上是一样的。设计师和经营者其实同处于一个平台，思维方式也十分相似。

设计师也需要衡量打击率

前面我们说过，不要把设计师特殊看待，要与他们建立平等的关系，而实际上很多时候我们都做不到这样。为了解决这个问题，极端点来讲，我认为可以要求设计师提供一个"打击率"[①]。

也就是说，要检验这个设计是否真的达到了目的，将每个设计师的成功率体现在数据上。

即便设计师自己说"我参与设计的商品卖得很好"，但那真的是设计的功劳吗？一个销量过万的热销商品，可能本来需要卖出五万个以上才能回本。

不过这也不是设计师一个人的责任。一个设计应该对销售做出多少贡献？企业很少对此设定具体目标。为什么？就像前面反复提到的，因为大家下意识觉得自己不懂设计。

销售额并不是唯一指标。但至少我们可以建立这样一个衡量机

[①] 棒球运动中评量打击手成绩的重要指标。

制，事前明确设计的目的，事后检验目标达成情况。如果不这样做，我们对于设计的理解永远都会是一个黑匣子。

这种现象不仅存在于制造业，在其他行业也十分常见。有个出版社的主编曾说："我们要做一本前所未有的好书。至于卖得好不好，那是销售要做的事，我们就不管了。"

如果你是一个艺术家，你可以只创作自己认可的东西。但既然是商业设计师，就不应该止步于设计本身。

这里可能也有当前收费模式的问题。设计师通常只要完成设计就能得到报酬。从某种意义上来说，设计师并不需要对结果负责。

如果你的作品没有创造好的成果，以后当然也不会有人再找你合作。但现状却是，一个设计所能实现的效果很少会被验证。那么企业根据什么来选择设计师？大概只能依靠设计师的知名度了。

这样其实很容易形成一种恶性循环。企业会觉得，虽然花了很多钱请了设计师，但销售额好像并没有什么起色，不自觉地就会对设计师产生不好的印象。这肯定也不是设计师期望的结果。

而且我们也没办法自己甄别出那些可以做出畅销设计的设计师，于是这些设计师也就得不到公正的评价。

但如果每一个设计师的业绩清晰可见，企业的选择范围也会变得更广。要确保产品万无一失，就选择打击率高的设计师；而想要产品"艳压群芳"，就可以选择打击率不高但可以打出本垒打的设计师。

像这样根据设计师的特点来委托工作，也是设计管理的职责之一。

最后我总结一下本章提到的要点。设计管理必须具备以下五个条件：

> ① 增加有关设计的知识储备（先观察后思考）；
>
> ② 了解自己的偏好所处的位置；
>
> ③ 不过问设计本身；
>
> ④ 明确设计目的；
>
> ⑤ 打破思维定式。

首先，尽可能多地观察各种设计，通过不断思考来提高设计素养。

需要注意，这个时候不要依赖自己的主观感觉，而是要去了解社会的一般标准是什么，然后以此为切入点观察和思考。

在此基础上，把该交给设计师的部分交给设计师。可以从外行的角度指出问题，但绝不要对设计本身指手画脚。设计师的权限范围有多大，需要由设计管理决定。而为了更准确地做决定，首先要明确设计的目的，警惕思维定式，然后不带任何偏颇地作出判断。

后记

　　本书介绍了在商品开发过程中容易出现的对设计的误解。以 THE 项目为案例，四名团队成员分别从各自的角度说明了创造"人们真正想要的东西"，长期受人喜爱、经久畅销的"经典商品"所需的条件。

　　我们 THE 公司的愿景是"提高社会中的经典标准值"。

　　为了实现这个目标，我们始终致力于打造可以称为"THE"的产品，甄选并售卖让大众认可的经典商品，与既有的经典品牌或经典产品合作推出全新产品。THE 的四名成员固定每月两次见面开会。这四年来我们不断摸索，从未停歇。承蒙各位的协助和支持，现在不管是开发商品还是店铺销售，都取得了很不错的成绩。

　　我们还收到了很多来自海外的咨询，有想要代理我们产品的店铺，也有想购买产品的消费者。

　　虽然步履缓慢，但我能感觉到，THE 的理念正一点点在世间传播。

我在第一章中也提到过，近年来人们的物质和消费价值观陡变。与此相对应，THE 的社会地位与成立之初相比也发生了一些变化。

实际上，THE 还围绕商品开发工作承包了一些咨询业务，目前也取得了不错的业绩。我们会向生产商和品牌方提供创意和咨询，运用四名成员的知识和设计嗅觉，为打造未来的经典产品发光发热。经过这几年的发展，愿意找我们咨询商品开发的客户也在慢慢增加。

在第六章中我们还说到，目前社会上常见的设计与咨询收费模式存在矛盾。为了改善这个问题，我们建立了新的收费机制（初期不收费，根据设计和咨询所达成的效果收取报酬），现在正面向企业承接业务。

只有自己亲自经营品牌和店铺，才能实现这样的机制。

无论是打造 THE 这个品牌，还是经营 THE SHOP，或是商品开发咨询，实际上都是为了提高社会中的经典标准值。

希望几十年、几百年后，世界上到处都是源自日本的经典商品，为未来人们的生活做贡献。

最后，在本书的创作过程中，祥伝社的高田秀树先生和协助编辑柏木智帆女士给了我们很多帮助，借此机会向二位表示诚挚谢意。

此外，我还要向本书中出现的各制造商和企业的各位、负责本书装帧的"好设计公司"的各位，以及 THE 公司的全体员工表示衷心感谢。

希望本书能为大家以及后世创造出新的经典商品贡献绵薄之力。

THE 也会日益精进，努力做出更多受人喜爱、经久不衰的经典商品！

2016 年 1 月

THE 株式会社　米津雄介

如何创造唯一经典

[日]水野学 中川政七 铃木启太 米津雄介 著
冯利敏 译

图书在版编目(CIP)数据

如何创造唯一经典 / (日) 水野学等著；冯利敏译
. -- 北京：北京联合出版公司，2022.9
ISBN 978-7-5596-6390-0

Ⅰ.①如… Ⅱ.①水… ②冯… Ⅲ.①品牌营销
Ⅳ.① F713.3

中国版本图书馆 CIP 数据核字 (2022) 第 128724 号

DESIGN NO GOKAI - IMA
MOTOMERARETEIRU "TEIBAN" O
TSUKURU SHIKUMI

by MIZUNO Manabu, NAKAGAWA
Masashichi, SUZUKI Keita,
YONETSU Yusuke

北京市版权局著作权合同登记号 图字：01-2022-3480 号

出 品 人	赵红仕
选题策划	联合天际·文艺生活工作室
责任编辑	孙志文
特约编辑	邵嘉瑜　杨子兮
美术编辑	梁全新
封面设计	CINCEL at 山川制本

出　　版	北京联合出版公司 北京市西城区德外大街 83 号楼 9 层　100088
发　　行	未读(天津)文化传媒有限公司
印　　刷	大厂回族自治县德诚印务有限公司
经　　销	新华书店
字　　数	120 千字
开　　本	880 毫米 × 1230 毫米　1/32　6.5 印张
版　　次	2022 年 9 月第 1 版　2022 年 9 月第 1 次印刷
I S B N	978-7-5596-6390-0
定　　价	58.00 元

关注未读好书

未读 CLUB
会员服务平台